시간의 독법

이 혜 선 시집

시간의 독법
이혜선 시집

초판 1쇄 인쇄 | 2025년 7월 10일
초판 1쇄 발행 | 2025년 7월 15일

지은이 | 이 혜 선
발행인 | 김 영 만
주 간 | 권 도 희

발행처 | 도서출판 지성의샘
출판등록 | 2011. 6. 8. 제301-2011-098호
주 소 | 서울시 중구 을지로 14길 16-11
전 화 | 02-2285-2734, 2285-0711
팩 스 | 02-338-2722

값 12,000원

ISBN | 979-11-6391-089-3

시간의 독법

이 혜 선 시집

지성의샘

■ 시인의 말

또 새 출발을 위하여

시인은 언제나 다음에 올 한 편의 시에서 새 출발을 해야 한다.

최근에 우연히 스물아홉 살의 일기를 읽었다. '비록 인정認定이 스쳐지나갔다 해도, 위대한 한 편의 시를 위하여 내 한평생 밤을 밝히리라.'

그로부터 마흔 해가 넘게 지났지만, 나는 스스로 시의 올가미에 목을 들이밀고 시인의 책무, 지식인의 책무를 지고 삶의 고갯길을 넘고 있다. 가끔씩 딴전을 피우기도 하지만, 그래도 나이를 먹지 않고, '그 젊은 날 시도한 길을 끝까지' 가려고 깜냥껏 노력하고 있다.

시경 소아小雅편에 녹명鹿鳴이 나온다. '사슴이 기쁜 울음소리 내며 들판의 쑥을 먹는다.' 다른 배고픈 사슴을 불러 함께 먹자고 내는 울음소리라고 한다. 모내기하다가 논매다가 혹은 타작마당에서, 지나가는 사람을 큰 소리로 불러서 국수나, 감자가 든 수제비, 막걸리 등 중참을 나누어 먹던 부모님과 동네 어른들 모습을 보며 자랐다.

그동안, 자기 자신을 성찰하는 동시에, 동무를 부르는 사슴의

소리와, 지나가던 길손을 부르던 부모님의 목소리가 들려오는 시를 쓰기 위해 노력해왔다.

'문학은 총이나 칼이 되어서는 안된다. 어둠을 탐조하는 탐조등이 되어야 한다.'고 문인과 지식인으로서의 사유와 노력을 게을리하지 않는다고 고백한 중국 소설가 옌롄커閻連科의 말을 깊이 새긴다.

『이혜선의 시가 있는 저녁』을 읽고, 시가 아름답다는 생각을 처음으로 하게 되었다고, 어둡던 가슴을 시가 환하게 밝혀준다고, 꿈속에도 그 목소리가 따라온다고 편지를 보내준 독자에게,

또 앞으로 만나게 될 미래의 독자에게 설레는 마음으로 이 시집을 바친다.

다음에 올 한 편의 시에서 또 새 출발을 할 것을 약속드린다.

2025년 7월　칠칠한 푸른 그리움 속에

자민滋慜 **이 혜 선**

차례

■ 시인의 말 / 또 새 출발을 위하여 | 4

1부

웃음샘물 서산 마애삼존불 | 14
국화꽃바다 | 15
10018년의 지도 | 16
시계 소요유逍遙遊 | 18
유사비행 | 20
차마고도 | 21
루빈의 꽃병 | 23
프르프록의 밥숟갈 연가 | 24
닿을 수 없는 | 25
간통 | 27
구름공법 | 28
감전, 수로부인 | 29
미더덕찜 비손 | 30
그 기도 덕분에 | 32

2부

천년만년 사랑꽃 | 36
웅녀의 사랑 | 39
환웅의 사랑 | 40
그치지 않는 종소리 | 42
교토의 눈물비 | 43
칼레의 시민들 | 44
환생, 허난설헌과 프리다 칼로 | 46
다시 쓰는 테스 | 48
아리바다 어미 | 49
환지통 | 51
곽탁타의 나무심기 | 52
홀로 꿈 꾸었으리 | 53
초록 숨소리 | 55
벽이 되기 전에 | 56

3부

무한 죽비 | 60
검룡소에서 | 61
아무르강 성인식 | 62
그늘 독법 | 63
자화상, 빛의 사다리 | 64
해골을 위하여 | 65
갈대실록實錄 | 66
늙은 독수리 일기 | 67
그 물길 끝에 | 69
빛을 쏘다 | 70
개울가의 아스타나 묘지 | 71
노내기 손가락 잡고 | 72
라♬ 라♬ 라♬ | 73
노란 햇살음자리표 | 74

4부

호모 모빌리쿠스 | 76

탈, 인간 | 78

다이옥신을 배다 | 80

에이레네여 온 세상에 평화를 | 82

삼엽충이 다시 나타났다 | 84

초록별 새 지구 | 85

왜 우리는 모를까 | 87

메꽃입술 | 89

로봇도시 | 90

꿈 미장원 케리양 | 91

아들 심청이 | 93

그대 다시는 고향에 가지 못하리 | 95

입무덤 | 96

불이不二, O_2와 논다 | 97

사랑씨앗 | 98

봄 오는 만날고개 | 99

5부

스푸마토기법으로 | 102
2020년 천지에 봄은 오는데 | 103
3차대전 안개 속 | 105
참혹한 손 | 106
꽃문을 연다 | 107
코로나19 밥그릇 | 109
상실의 시대 | 110
촉수를 뻗친다 스믈스믈 | 112
바이러스앱 | 114
마스크 쓰고 같이 놀아요 | 116
전화기는 아빠 집 | 117
우리는 친구야 | 118
노고단신부 | 119
사각관계 | 120

6부

빛의 등뼈고리들 | 122
풀밭 위의 잠 | 123
눈동자가 똥그랗다 | 124
꽃씨 항아리 사과 향기 | 125
김영갑 갤러리 두모악 | 126
눈부처 | 127
꽃 피는 너 | 128
한 밤도 안잤다 | 129
바람아 조금만 더! | 130
왕오천축국전의 바람 | 132
엄마의 흙을 보낸다 | 134
목이 긴 새 | 136
이병규체 | 137
타인능해소나무 | 138
무근절 절터 이야기 | 139
나의 낙동강 | 141

■ 해설 / 유 성 호
시간과 생명을 탐색해가는 궁극의 서정 | 143
■ 시평 / 나 용 준
철학적 사유를 감각적으로 녹여낸 서시序詩 | 162

1부

웃음샘물 서산 마애삼존불

백제사람들은 영생을 꿈꾸었지
돌 속에 맑은 마음물 새겨넣고
천만년에 또 천만년을 꿈꾸었지

돌 속에서 솟아나는 서로 웃는 샘물

뒷날의 자손들이 웃음샘물 길어내어
순한 마음 기쁜 마음 마주 보고 웃네

인공지능칼날이 마음마다 쇠벽 돌벽 쌓아
웃음물이 말라가도

퐁퐁, 웃음샘물 솟아나네
서로 마주 보면 영원토록 웃는샘물
꿈꾸는 샘물

국화꽃바다

바다는 둥근 달 속으로 들어가 부풀어 올랐다

국화꽃 다 져버린 국화도에 해가 지면

은하수 카시오페아 큰곰자리 끌어당겨 그물을 짜고

조기 청어 오징어의 바다를 하늘별판에 쏟아부었다

펄펄 뛰는 파도로 내 꿈속에 부풀어 넘치는 바다

국화꽃 다 져버린 겨울 국화도

둥근 달 속에서 새 국화꽃바다

철썩철썩 피어나고 있다

10018년의 지도

시 한 편 탈고하고 나서
1018년이라고 날짜를 써 넣었다, 아뿔사,

(그때 나는 무슨 색깔의 꽃이었나)
(무슨 나무를 키우는 흙이었나)

반짝이는 붉은 색 원석을 찾아
나의 꽃잎 속 깊은 탄광으로 내려간다
작은 곡괭이로 거대한 바윗돌갈비뼈
사이사이 지도를 파내어본다

시커먼 원탄 속에서 가끔가끔
반짝이는 눈빛, 흰 이빨, 나리꽃이 피어난다
북소리 장구소리, 마주 웃으며 기도하는 노랫소리 들린다
가던 길 멈춘 달이 벼랑에서
점박이꽃을 꺾어 소리들 머리에 꽂아준다

10018년에도
갈기 세우고 달려오는 동해 파도는 한결같이
새 해와 새 달이 지도를 그릴 것이다
산굽이 강굽이 흰 베옷 위에 참꽃은 붉게 피고 지고,

북소리 종소리 넓은 가슴, 겨레의 하늘땅 그득히 울려 퍼지리라

살아서 세상을 놀라게 하지 못한다면
죽어서도 쉬지 않으리*

그때 나는 또 무슨 꽃으로 피어 있을까
무슨 맛으로 농익어 주렁주렁
새와 물고기와 사람들을 배부르게 할까

* 두보의 율시 중에 "語不驚人死不休"를 차용

시계 소요유逍遙遊

내 책상 위의 시계는 축축 늘어져 있다
시침은 시침대로 분침은 분침대로
늘어져서 제 가고 싶은대로 간다
초침은 아예 떼어버렸다

내가 그리는 대로 나의 시계는
가다
서다, 놀다 한다

시계 속에 들어가 나도 가다, 서다, 놀다,
파랑 분홍 노랑 물감을 풀어
색색의 시계잠을 자기도 한다
무지개꿈을 꾸기도 한다

내가 그리는 시계 속에서
비비새는 랄랄라 낙원을 노래하고
나는 웅녀가 되어 새 세상을 낳고
선도산성모仙桃山聖母가 되어 새 혁거세를 낳는다
충담사가 되어 안민가安民歌를 짓는다

인공지능 로봇 발아래 사람이 끌려가는

4차 혁명의 시간은
나의 시계족보에서 모두 쫓겨난다

시간의 감옥 밖에서 나는 한가롭다 자유롭다
태어나서 한 번도 쉬지 못한 시간의
거대한 몸집을 동그랗게 말아서
늘어진 시계 속에 들어갔다 나왔다……
파랑 분홍 노랑 색색의 꿈놀이를 즐긴다

오늘은
분침도 시침도 아예 떼어버렸다

유사비행

우화를 꿈꾸었다

바람 타고 날아보아도
절벽에서 떨어져도 날개는 돋지 않았다

네 쌍의 다리로 줄을 탄다
머리가슴 하나로 생각하고 동시에 교감한다
뜨거운 가슴, 차가운 머리로 식힌다

날개 대신 실을 토한다, 강철보다 강한 생명밧줄
수억년 진화해온 피브로인fibroin 단백질, 몇몇생生을 연구해 온 공법으로
새 생명집을 짓는다
별이 뜨는 방향, 영원히 이어나갈 겨레의 제단에 걸어둔다

나는 아직도 거미, 유사비행에 목숨 건다
펜 끝에 생명밧줄 토하며, 시인의 극한 불행을 예감해도*
무한 허공, 또 꿈꾼다
날아오른다

* 빅토르 위고, 샤토브리앙을 추모하는 시 'Odes et Ballades/À M. de Chateaubriand' 차용

차마고도
–짐

1.
외줄에 몸을 묶어 누강 협곡을 건넌다
설산 눈 녹아 흐르는 시퍼런 강물 위에서
네 발을 버둥거린다
강을 건너, 발이 땅에 닿으면
협곡도 돌산길도 다시 지고 가야 한다
편자가 다 닳아 피 흘러도, 낭떠러지에 굴러도
생명 끊어질 때까지
세상을 다 짐 지고 걸어야 한다

2.
해발 오천 미터 카와커보 신산神山 술라라카에
룽다*를 걸어둔다
살아있는 짐의 안전을, 떠도는 영혼의 안녕을 걸어둔다
차를 잘 팔게 해달라고
가족의 안녕을 지켜달라고 펄럭이는 오색날개

3.
라싸**까지 이천 백 킬로미터
해발 오천 사백 미터 가파른 미라산
오체투지로 한 발 한 발

삼생三生의 산과 계곡 끌어안고 넘어간다
온몸, 세상에 엎드리고 또 엎드려 맹세한다

태어남의 짐을 스스로 내리겠다고,

* 진리가 누리에 퍼지기를 기원하며 불교 경문을 써서 매달아놓은 오색 천
** 티벳 포탈라궁이 있는, 차마고도 순례자의 종착지

루빈의 꽃병

프랭클린 나이트라는 하얀 색 형광광석은
주파수가 다른 빛을 쏘이면 빨간색으로 변해버린다

내가 오늘 화석월드에 와서 본 이 하얀 돌은
'내 눈이 지금' 바라볼 때만
하얀색 돌이다, 조금 후에 네가 바라보면
빨간 요술궁전을 짓는다

마당에 서 있는 키 큰 느티나무 수천수만 개의 눈
흔들리는 나를 바라보는 눈
조금 전 부엌에서 딱딱 때려잡은 초파리 핏발 선 눈

빨간 눈알 튀어나온 초파리 DNA가
눈물 뚝뚝 흘리며 날 손가락질 한다
절룩거리며 내게 발길질한다

루빈의 꽃병* 속에서 두 사람의 눈동자가 나를
마주 바라본다
프랭클린 나이트 빨간 요술궁전 속에서 또 다른 내가
물구나무서서 내다본다

* 덴마크 심리학자 에드거 루빈의 '루빈의 꽃병(Rubin's Vase)' 차용

프르프록의 밥숟갈 연가*

열 네 살 내 눈에 로미오는 바람둥이였다
그리워 눈물 흘리던 로잘라인을 두고
'눈아 부정하라'** 줄리엣에게 옮겨가는 사랑

나팔꽃 여린줄기 뻗어가던 내 사랑세포
핵분열을 멈춰버렸다

옮겨가는 '인간의 사랑'은 않으리
목숨 바칠 '진리'만을 찾아 가리
새파란 남강물 맹세 찍어 쓴 일기장
스무살 키엘케골의 결심보다 빠른 연두색 일기장

굽은 등뼈 환히 보이는 가을햇살 속에
키 작은 나무 한 그루 아직도 빈손 들고 서 있다
제 안의 사방연속무늬에 갇혀 맴돌고만 있다

밥숟갈로 되질해버린 한평생 시간의 새파란 잉크병
무성하던 그 나무 푸른 등뼈가 다 말라간다

* T. S. 엘리엇 'J. A. 프르프록의 연가'에서 차용
** 로미오가 줄리엣을 만난 뒤 그 전의 로잘라인에 대한 사랑을 부정하는 말

닿을 수 없는

론 뮤익*의 해골무리를 만났다
높은 천정까지 첩첩 쌓여 있었다

뻥 뚫린 눈, 뻥 뚫린 코
앉고 서고 누르고 차곡차곡 쌓인
뇌수가 다 빠져나간 해골들

다정히 나를 바라보는
전생 전전생, 억겁의 슬픈 눈
내일 또 내일, 미래생의 내 사랑들

나는 내 안에,
세포 하나마다 저 무리들을
끌고, 끌며
이승 진흙밭을 헤매어 왔구나
세슘원자의 진동만 헤아리고 있었구나

하늘에서는 바람 한 점 불어오지 않는다
엎드린 몽상, 풀잎 하나 까딱하지 않는다

도무지 곁을 내주지 않는 바람 앞에 서 있는 나를 바라보는

나는, 나의
흐르는 구름, 노래하는 매미
죽도록 노래하며 너를 부르던 땅 속 굼벵이사랑
너의 등에 업혀 무위도식하던 이 거리 저 나무 위의 단잠

헤아릴 수 없는 나를 끌고
한 생의 짐 넘치도록 실은 소가 오늘도
수미산 해골산을 오체투지로 넘는다

뇌수가 빠져나간 해골
꿈꾸는 나를 찾아서,

* 론 뮤익(Ron Mueck 1958~) : 호주 출신 조각가

간통

플라스틱알을 낳고 바다거북이는
몸속에 쓰레기지구가 들어선 느낌이다
시도 없이 배를 찔러대는 낚시바늘
새끼 배 속 가득 들어찬 병뚜껑애기
저 공장굴뚝과 인간들은 간통한 게 분명해
나는 그 인간공장과 간통한 게 분명해!
자궁 속에 쓰레기지구가 쉬지 않고 커간다
플라스틱알을 배고 바다거북이는
부풀어오르는 배를 안고
코에는 빨대가 꽂혀 날마다 죽어나간다

* 최승호의 '공장지대' 패러디

구름공법

생야일편부운기 사야일편부운멸生也一片浮雲起 死也一片浮雲滅*
구름은 무슨 공법으로 사람들의 생사를
저 높은 하늘에 모두 걸어놓았을까
인생은 어쩌다 구름으로 오도카니
하늘에 걸렸을까
빈 하늘에 둥둥 뭉게구름 떠간다
내 온 날의 들쭉날쭉 그림자를 본다 거기,
가로질러가는 겨울기러기 한 마리
아, 흔적 없이 텅 빈 허공
구름공법의 완성이다

* 서산대사의 임종게臨終偈 인용

감전, 수로부인

온 몸의 핏줄이 한 줄로 다 늘어선다

신경줄기마다

찌르르 감전되어

타버린다

속 깊은 상처자국

환하다

피어나는 절벽 위의

꽃, 동행,

미더덕찜 비손

이월 초하루엔 바람을 올렸다

며느리 데리고 내려오는 영등할미께 비손하는 어머니
큰바람 큰비 없이 농사 잘 되도록,
인간과 초목 새짐승 벌레들 화해 속에 살도록,
가정마다 바람없이 화목하게 하소서

어머니는 정월 하순 동녘밭에 돋아나는 냉이와 쑥을 캐었다
아줌마들 마산에서 이고 오는 미더덕을 사고
정성껏 까서 향기를 모았다
찹쌀풀 곱게 쑤어 미더덕찜 만들어 바람올렸다

조왕신 부엌신 광의 신 마굿간신에게 골고루 올리고
남은 것은 우리들 차지
살얼음 곱게 깔린 미더덕찜
어린 남매들 입에 맵지 않고 착착 감기는 그 맛

바람신과 우리가 나누어먹던 미더덕찜
인간과 풀 나무 새짐승 벌레들과 나누며

어머니의 비손 덕분에

오늘도 서로 어울려 살아간다

* 이월 초하룻날 영둥할미가 내려와 오래 머물면 그해 바람이 세어진다. 곱게 하늘로 올라가도록 지내는 제사를 '바람올린다'고 했다.

그 기도 덕분에

벼락으로 날아왔다 난리소식은,
경상남도 함안군 대산면 옥열리 산골동네에까지

마을사람들 다투어 피난길에 올랐다
보릿고개 겨우 넘긴 한여름, 쌀양식이 있을 리 없다
젊은 아버지는 광문을 열고
보리밥만 먹고 아껴두었던 나락가마니 풀어서 방아 찧었다
동네사람들 봇짐에 한 말 두 말 골고루 나눠주었다

만삭의 어머니가 피난지 진영 동산 구장댁 아랫방에서 몸을 풀었다
간장 된장 한 숟갈씩 얻어먹는 두달 여 피난생활
"생목숨 죽어나가는 전쟁통에, 우리는 식구를 불렸다"고
복덩이를 두 이레 만에 안고
산에 들에 널브러진 주검들을 넘어서 돌아오는 길
온 동네 집은 다 불타고 없어도
들판에 나락이 누렇게 익어 반겨주었다, 풍년이었다

"너거 아부지가 우리 저금통장이었재, 돈이 필요할 때마다 달려갔지.
피난 갈 때도 그 쌀 덕분에 굶지 않고 살아 남았단다."

"우리 모두 너거 어매 순산을 기도했지. 니가 그 피란동이 아이가"
오랜 후에 아버지 장례식에 오신 동네 아지매들
저마다 한 마디씩 하면서 코를 풀었다

영정 속의 아버지가 눈을 맞추면서 빙그레 웃었다
불어난 식구가 또 새 식구를 안고, 울다가 마주 웃었다

2부

천년만년 사랑꽃

–도미부부의 사랑노래

도미 : 내사랑 아랑이여
나는 그대를 믿어요
저 포악무도한 개루왕의 달콤한 유혹에도, 어떤 협박에도,
절대로 넘어가지 않을 당신의
순정을, 순결을, 정절을, 의리를 굳게 믿어요
비록 죽음에 이를지라도
우리사랑 굳게굳게 지켜갈 것을
한치도 의심하지 않아요

아랑 : 도미, 내사랑, 내낭군, 내 목숨
어디서 나를 기다리나요
나 이렇게 당신을 찾고 있는데
아,
애타는 당신 목소리 들려요
나를 부르는 당신의 눈 없는 눈동자
나를 위해 기꺼이 바친 고귀한 눈동자
산속에서도 물가에서도 외딴 섬에서도
세상천지 어디에 있어도
내 귀에만 들리는 당신 목소리

우리 이제야 만났군요

내손을 잡아요 내가 당신 눈이 되어드릴게요

합송 : 욕망과 권력에 눈먼 개루왕의 땅이 아닌
먼 곳으로 떠나요 우리,
이 갈잎배를 타고
가서 우리만의 하늘땅을 갈아 씨 뿌려
우리만의 사랑을 낳고 살아요

도미 : 아랑, 내사랑 아랑이여
나는 눈을 잃고 영원을 보았네
육신의 눈을 잃고 영혼의 눈이 더 밝아진 나는
참되고 아름답고 두려움 없는 그대 사랑 안에서
영원히 살고 있네, 영원히 꿈을 꾸네

아랑 : 도미, 내 목숨, 내낭군
우리 사랑 안에서 눈 없는 그대는
저 눈뜬장님들보다 더 밝은 눈으로
나를 보아요, 우리 아이들을 보아요
눈부시게 피어나는 세상을 보아요

합송 : 우리 서로 손을 잡고

영원토록 사랑노래 불러요
산처럼 바다처럼 늘 푸르게 출렁이는 사랑
이 나라 산천에 참꽃을 피우고
이 나라 강산에 믿음나무 키우는 사랑
아름다운 이 땅을 길이길이 이어갈 우리 아이들 가슴에
진실한 사랑꽃이 피어나고 있어요
천년만년 사랑꽃이,
천년만년 사랑꽃이 찬란히 찬란히 피고 있어요

웅녀의 사랑

날마다 나는
산맥과 산맥
등성이와 등성이 단숨에 뛰어넘는다

산에 들에 지천으로 널려있는
마늘과 쑥향내는
저 산 큰골에까지 날아와
아늑한 내 집에 들어앉는다

한낮이 오면
오뉴월 들녘마다 뻗어가는 다북쑥
무궁무궁 뿌리 뻗는 조선의 후예들
오대양 육대주에 빛의 집을 짓는다

우리몸엔 한얼님 초록피 흐르고
바이칼호와 낙동강이 흐른다
빛나는 백두산 · 천산산맥 한길로 숨쉰다

오늘도 나는 산맥과 산맥
등성이와 등성이 단숨에 뛰어넘는다
세세연년
꽃 진자리 새움으로 돋는다
영원히 꺼지지않는 빛, 겨레의 찬란한 꽃으로 핀다

환웅의 사랑

살구꽃 필 무렵 신단수 아래
처음 그대 만나던 날 기억하네

초록 저고리 다홍치마
치렁대는 머리털 위로 신시神市의 바람 스쳐가고,
'사람이 되었으니
사람의 아들 낳게 하소서 부디 사랑하게 하소서'
하늘대는 꽃빛 아미 살짝 숙이며
하늘아비께 손 모아 빌던 그대

나, 하늘아비께 간청하여 인간세상 올 때
바람신 비의 신
구름신 날 따라 왔을 때
'널리 인간을 이롭게 하리' 사랑길 열었네

신단수 아래 다소곳 숙인 아미
그대 만나던 날
조선어미 넓은 치마폭 안에 볍씨 부려
우리 사랑 한 길 씨방 열었네

억겁 전부터 예비된 인연

우리사랑으로 '위대한 조선'을 낳고
넓고 깊은 우주를 낳았네
길이 이어갈 영원한 역사를 낳았네

그치지 않는 종소리

―만해 한용운

뭇 생명 키우는 물길로 오시는 님
큰 강물이 메마른 겨레밭을 적셨다

우레보다 더 큰 침묵으로 와서
눈 먼 나를 흔들어 깨우는 죽비소리

절망에서 희망의 샘물 퍼부어주시는,
이별에서 만남을
가시덤불에서 낙원을
예토穢土에서 정토淨土를 살게 하시는,

이지러진 겨레 어깨
사랑으로
죽음으로 일으켜세운 님

눈 속에 날리는 복사꽃잎
행인을 기다리는 나룻배
오늘도 애국가, 소나무로 우뚝 서 있는 님을 만난다

그치지 않는 종소리 울린다

* 만해 한용운의 시와 제목을 일부 변용함

교토의 눈물비

교토 도요쿠니신사豊國神社 앞마당
한복 입은 아이 꽃입술이 열린다
디지털카메라 동공 속으로 걸어 들어온다
꽃입술에서 팔랑팔랑 나비 날아오른다

임진란 때 코를 베인 경상도 함안 땅
재령 이씨 20대조 할애비 큰 귀 안에서
아이가 까르르 울음을 터뜨린다

기모노 입은 이총耳塚* 공원 애기단풍 손바닥들
미안해요, 미안해요 빨간 잎을 비빈다
도요쿠니 신사 안에 도요토미 히데요시 아직 잠 못 깬 눈으로
물끄러미 건너다 본다

400년 동안 죽지 못한 귀무덤 속 할애비
오사카성** 성벽마다 붉은 눈물비로 흘러 내린다
파란 별빛 줄기줄기 비수되어 내린다

* 귀무덤(耳塚, 鼻塚) : 임진왜란 때 전리품 확인을 위해 조선인의 목 대신 베어갔던 코나 귀를 묻은 무덤
** 도요토미 히데요시가 축성한 성으로 일본 전국시대의 상징

칼레의 시민들

앙드리에 당드르Andrieus D'Andres*
두 손으로 머리 감싸고
고뇌하는 칼레의 마지막 영웅
그의 숙인 얼굴 아래, 애써 눈을 맞춰 본다

움푹 파인 동공, 굳게 다문 입술
완강한 견갑골,
대지를 굳세게 밟고 있는 울툭불툭 발가락
시민의 목숨 구하기 위해
목에 밧줄 걸고 교수형 당하러 가는 여섯 명의 시민대표
영국왕 에드워드 3세 아니라
어느 신神인들 그 목숨 빼앗을 수 있으랴

위대한 희생을 결심한 그 순간
칼레 시민을 다 살리고
나무와 풀과 꽃 인류를 살리고
달과 별 개똥벌레와 함께 영원히 사는 사람들

오늘 서울거리에서 '칼레의 시민들'을 본다
목에 밧줄 걸고 나 대신 교수형 당하러 가는
땀 흘려 밭을 갈아

나를 탈없이 살아가게 하는
보이지 않는 그를 향해 두 손 모은다

* 로뎅의 조각 '칼레의 시민들' 중에 앙드리에 당드르는 가장 괴로워하는 모습으로 표현됨

환생, 허난설헌과 프리다 칼로

디에고 리베라 내사랑, 나의 증오
우리는 아이를 낳지 못했다

슬프고 슬픈 광릉땅이여
너희들 남매는 밤마다 함께 모여
숨기놀이 고무줄놀이 웃으며 놀거라[*]

테우아나 입고, 멕시코 전통 여신 내가 나를 그린 그림,[*]
내 눈 내 입 내 코, 입가의 거뭇한 수염까지
내 얼굴은 완벽한 디에고 리베라
내 동생을 사랑하는 디에고, 나를 통째로 앗아간 디에고
내 이마 위에 제멋대로 올라앉아 멕시코 들녘 꽃으로 피어있는 너

나는 침대 위에 커다란 해골을 올려놓고[*]
다 커버린 너희들 밤마다 데리고 잔다, 침대가 전부인 나의 낮과 밤에,
전차가 찢어놓은 나의 자궁에서 배꼽손을 놓고 떠나간 아가, 너희들은
밤마다 만나서 빛이 되어 손잡고 놀겠지?

나의 지아비 김성립, 떠다니기 좋아하는 영혼을 떠나서
스물 일곱의 꽃송이가 떨어져요
남존여비의 조선에 여자로 태어나, 절망에서 꽃잎을 먹고 나는 신선이 되었어요
스페인 식민지 멕시코에서 혁명가 프리다로 다시 태어났어요
차별없는 세상의 자유와 평화 위해
억압 없는 여성의 세상을 위해 희망꽃 그림을 그렸지요
찢긴 몸의 아픔은 기름이 되어 타올랐지요

그러나 내 아기들, 조선의 광릉땅 아기들처럼
또 한 번 나를 떠나버린 너희들,
초희와 프리다 우리 어미들 눈물은 아무도 대신 거둬주지 못해
온 몸에 화살 맞은 사슴이 산과 들을 달려요
아이들이 살아갈 차별 없는 세상을 만들기 위해
달리고 또 달려요

* 허난설헌(허초희)의 시와 프리다 칼로의 그림에서 일부 변용

다시 쓰는 테스*

흰 도화지에 글을 쓰다가 아차!
검은 잉크 한 방울 떨어졌다
잉크가 점점 퍼져나갔다

얼룩이 번져가는 종이를 통째로 구겨서 버렸다
흘러가는 구름
새들 노랫소리, 꽃의 미소도 확 구겨서 버렸다
일생의 도화지를 모두 구겨서 버렸다

테스를 다시 쓴다
얼룩을 잘 말려서 그 위에 꽃을 그린다
한 생의 피를 다 퍼올려서
핏줄마다 붉은 꽃 한 송이씩 그려넣는다
진흙밭에 환한 연꽃

귀퉁이에 옹이꽃을 안고 자라는 나무
핏줄의 얼룩 기침 소리 품어안고 키우는 나무
새들 노래소리 방울방울 살아나고
꽃들 환한 웃음 천지에 퍼져나간다
옹이꽃 진 자리 탐스런 열매가 주렁주렁 익어간다

* 토마스 하디(1840~1928) 의 소설

아리바다 어미

반달이 뜨는 날, 마침내 모래밭으로 기어올랐다
늙은 암컷 거북
구덩이도 채 파지 못하고 알을 낳았다
파도에 쓸려 하야니 떠나가는 알들

중앙아메리카 코스타리카*의 오스티오날 바닷가
20년 전 이곳에서 알 깨어났다
천 마리 새끼 거북 중에
오소리 독수리 이구아나 아가리 피해 살아남은 단 한 마리
어미가 되어 해마다 수많은 알을 낳았다

난바다 떠돌다가
등비늘 켜켜이 살아있는 첫 내음 따라
푸른 물결 4천 킬로미터 네 발로 헤엄쳐 돌아온 그 모래밭
마지막 알 낳다가 그대로 화석 되어버린 늙은 어미

대한민국 경기도 파주시 교하읍 당하리
무연고 회곽묘에서 400년만에 발견된 모자 미이라
어미 뱃속에서 지금 막 나오려는 새 하늘 그 순간
자궁 끝에 걸려버린 아기
안간힘 쓰며 영원히 아기와 함께 있는 젊은 어미

〉

46억년 전 지구목숨 생겨난 그때부터 지켜온
목숨이 끝나도 끝끝내 지켜가는
어미라는 이름

* '아리바다'는 이 지역 말로 '도착'이라는 뜻으로 바다거북의 집단 산란을 의미

환지통

한 뿌리 자주감자를 캐낸 텃밭
한 알의 홍옥을 떠나보낸 사과꼭지
한겨울 눈덮힌 밭가
흰 눈 쌓인 사과나무 가지

새잎 돋는 봄밤이면
부푸는 꽃눈마다 입덧으로 떨리며
꽃 진 자리마다 뽀얀 젖물이 솟아난다

똑 떨어진 그 자리에 상처는 아물어도
뱃속에서 힘차게 내지르던 너의
발길질에 봄마다 입덧이 살아나는 사과나무

곽탁타의 나무심기

곱사등이 곽씨영감 나무를 심었네*
천성을 살펴, 뿌리가 쭉 쭉 벋어나가게
흙을 고루 북돋워주었네, 물을 충분히 주었네
가지마다 꽃피어나 주렁주렁 과일 열렸네

곱사등이 나도 움직이는 나무 한 그루 심었네
심고 나서는 포기한 듯 내버려 두었네
사랑하지 않는 척, 잊어버린 척
깊숙이 마음의 꼬리를 숨겨두었네

뽑아보지 않고, 방문 열어보지 않고
흙을 북돋워 물을 주었네, 보이지 않게
하늘까지 가지 벋고 향기 세상 적시기를,
꽃 피우는 안간힘 너의 등 뒤에서

잊어버린 척, 사랑하지 않는 척, 돌아서서
곱사등이 꼬리는 숨겨두었네

* 당나라 문인 유종원(柳宗元)의 '종수곽탁타전種樹郭橐駝傳' 차용

홀로 꿈 꾸었으리

—청계천 · 1

네 앞에 서서
소용돌이치며 흘러가는
시간의 물결을 본다

언제부터 너는 거기서 흐르고 있었을까
아득한 원시시대,
양주고을에 새 도읍 세우고
한양성 쌓던 그날보다 아주 먼 먼 옛적부터
유리같은 잔물결
포근한 봄햇살
가을볕 살갑게 살랑거리며
흰옷 입은 사람들 사이로 노래하며 흘렀으리라

도도한 사람의 물결
도저한 역사의 흐름
한 몸에 넝마처럼 걸치고
캄캄 어둠 속에 숨죽여 흐르던 그날도
너는 홀로 꿈 꾸었으리

유리같은 잔물결 포근한 봄햇살
가을볕 살갑게 살랑거리며

풀여치 청개구리
물풀들 옆구리 간지르며 다시 흐르는
오늘 이 순간을,

초록 숨소리

—청계천 · 2

청계천에 비가 내린다
동그랗게 동그랗게
동그라미로 퍼져나간다

연인들의 어깨 위로,
산책하는 가족들 머리 위로,
작은 여울 앞에서
잠시 머뭇거리는 빗줄기

순간
깔깔대는 풀꽃들 웃음소리
개망초 쑥부쟁이 살살이꽃
갈대의 허리가 잠시 흔들리면
깔깔대는 아이들 웃음소리

방울방울 이슬 맺으며
청계천에 비가 내린다
초록 초록 초록숨소리
동그라미 동그라미
동그라미로 퍼져나가는 웃음소리

벽이 되기 전에

1.
저녁밥을 짓다가 싱크대에
간장 한 방울 떨어졌다
귀찮은데 내일 닦아야지

아침에 일어나니
밤사이 물기는 다 날아가고 바짝 말라붙은 간장 찌꺼기
물에 불려도 한동안
몸 풀기를 거부한다

그대, 우리, 섭섭한 마음
그때그때 마주잡고 풀지 못한 매듭
딱지 앉은 상처, 갈수록 굳어져
아무리 밀어도 열리지 않는 문
돌벽 되어 서 있다

2.
나라 지키러 고국에 돌아와 참전한 재일 학도병 청년이
일본 땅에 두고 온 세 살짜리 딸
일본이 입국 금지해 가지 못한
63년의 바다 겨우 건너서 찾아간 아버지에게

'다 이해해요. 그렇지만 아직 만날 준비가 안 됐어요'
벽 앞에서 돌아서는 팔순 아버지
구부정한 세월의 어깨 위에 부는 바람

3부

무한 죽비

쌀알 한 알 무게가 일곱근

일곱근은 무한대, 내가 지고 가야할 무게

칠근루七斤樓 만공선사 몽당붓

영원의 죽비

검룡소에서

까치 한 마리 탯줄 한 끝을 물고
푸른 강물 위를 날고 있다
물의 아이들 나래치는 소리
빛의 부채살 하늘 가득 펼쳐진다

자갈돌 모래흙 사이
방울방울 꽃송이 피어난다
아기의 환한 탯줄 피어난다

날마다 태어나는 내가
날마다 태어나는 물이
밤낮 가리지 않고 흘러간다

물 속에서 아버지가 걸어나온다
대대로 할머니 할부지 걸어나온다
물의 몸을 안고
너와 나의 그림자 흘러 흘러간다

샘가에 앉아 솟는 물에 손을 담근다
손가락 사이 사이 스며드는
어제 그 물, 그 손이 아니다
날마다 물의 아이들 나래치며 솟아오른다

* 태백산 검룡소 : 한강의 발원지

아무르강 성인식

일 년 중 가장 추운 날 설원에서
아이들의 성인식이 열린다
마을아이들 한 무리 말을 타고
갈 수 있는 가장 멀리까지 달려갔다가 돌아온다

설원의 한 쪽에선 가젤 무리가
시속 90Km로 달리고 있다

시월부터 이듬해 사월까지 얼어붙는 아무르강
물속에 철분이 많아 검은 용 흑룡강
가젤과 순록과 불곰을 동무하여
야성의 가르침대로 살아가는 자연의 순한 일부

아이들은 4400Km 긴 물줄기 위 눈보라 흩날리는 길을
어디까지 달려갔다가
해 지기 전에 무사히 돌아올까

영하 50도의 얼음길에서 나는 문득
내 생의 성인식을 돌아본다, 앞으로
내가 갈 수 있는 가장 먼 길은
가장 아름다운 길은 어디쯤일까

그늘 독법

나무 한 그루 심었다
돋아나는 양지쪽 새싹만 좋아라, 뽑아 올렸다
진딧물 잡아주고 하얀 분도 발라주었다

날마다 물주며 핏줄이 잘 돌거라 하고
나무 아래 그늘은 모른척
웃자란 잎맥이 노랗게 밀라가도 모른척했다

물기 마른 이파리 파리하게 떨어질 때
타다 남은 불꽃이 사그라질 때 깜짝 놀라
두 팔을 뒤로 돌려
그늘이 거느린 허공을 업어준다

등 뒤 돌아보지 못하는
청맹과니 한 마리, 처음으로 그늘을 업어본다

텅 비어서 비로소 가득 차는 그늘꽃
천지에 맨 처음 꽃이 피었다

* 만물은 음을 지고 양을 껴안아, 음양의 두 기운이 서로 충만하여 조화를 이룬다.(노자 도덕경 42장)

자화상, 빛의 사다리

문짝을 떼어버린 난달 문이다
바람만 드나드는, 닫혀 있는 육간대청이다
자나 깨나 허기진 입이다, 소리가 되지 않아
잠 속에서도 벌리고 있는 항문이다

시골집 정지문 앞에 금이 간 물드무
채울수록 새어나가는,

하루살이들 와글와글 배가 터져 죽어가는 저물녘
달마중 나온 배고픈 눈동자,
달맞이꽃 간절한 그림자다
오불관언, 흔들리는 달이다

거칠 것 없는 허공을 사랑한 죄
입을수록 허기지는 주홍글씨
이승의 물로는 못 축이는
불길

햇살 받아 파득파득
몸을 뒤집는 미루나무 이파리
낭랑가지 하늘 오르는
빛의 사다리가 살고 있다, 텅 빈 그 아가리,

해골을 위하여

석회석 산 모고테를 만나러 간다
모난 마음밭 갈아엎고
빗물에 깎여 동글동글한 산
살바도르 달리의 늘어진 시계 속으로 들어간다

달팽이 물고기가 하늘 날아다닌다
해마와 악어가 사이좋게 놀고 있는 동굴 천장
사람은 혁명을 그려놓고 해골로 남아 있다*
내 해골을 자세히 들여다본다

뜨겁게 빛나는 해 아래
날개짓 멈춘 독수리 낮게 떠있다
해골 속에 접어둔 날개를 꺼내어
구름을 둥글둥글 굴려본다

쿠바 비날레스 인디오 마을
느릿느릿 굴러가는 거울의 바퀴를 만나러 간다
지구를 떠나서
다시 돌아오는 여기, 나의 해골을 만나러 간다

* 인디오동굴과 둥근 산의 한쪽 면에 그려진 벽화

갈대실록實錄

바람이 와서 등을 떠밀면
끄떡끄떡 절을 하면서 밀려갈 듯 밀려갈 듯
그 자리에 뿌리박고 서서
물에 비친 제 그림자를 보고 있는 갈대

하루 종일 죽음을 생각하는 앙뜨완느 로깡뗑*의 갈대
피아노에 앉아 진혼곡만 치고 있는 살리에리의 갈대
생명 먹물 진하게 갈아놓고 단정히
차를 달이는 초의선사의 갈대

요양원에서 시간의 그림자를 재고 있는
어머니를 생각하는 갈대
봄이면 제일 먼저 아이만 쑥쑥 낳는 쑥대밭의 갈대

오늘도 물가에서
바람에 등을 떠밀려 끝없이 흘러가고
끝없이 돌아오는 갈대
돌아오는 제 그림자를 다시 낳고 있는 갈대

* 장 폴 사르트르 작 '구토' 의 등장인물

늙은 독수리 일기

아직도 나는 돈키호테
뱃살 뒤뚱거리지만, 눈도 희미하지만

둘시네아 여신을 섬기는 멋진 기사
세숫대야 투구 쓰고
위선덩어리 풍차거인 모두 부셔버리지

저 산 너머 바다 건너 그대 사는 곳이 궁금해
잎 지는 가을밤엔 낡은 신발 끈 졸라매고
아득한 얼음나라 그대 눈동자 먼 하늘 별을 헤는

'보다 아름다운 것을 위해서라면 파괴하지 못할 규칙이란 없다.'*
힘차게 문 두드리는 귀 먹은 운명을 향하여
'신세계'를 향하여

닿을 수 없는 별에 손을 뻗고
이룰 수 없는 꿈, 가질 수 없는 봉오리 위해 밤마다
가슴 깃털 스스로 뽑아내는 늙은 독수리

꽃이여
아직 피어나지 않은 그대여

끝끝내 피어날 수 없다 해도
새로 돋아나올 부리와 발톱을 위해 기꺼이 바위에 몸을 던지는
나는 늙은 독수리, 꿈꾸는 돈키호테

* 베토벤의 말

그 물길 끝에

집을 떠나서
집으로 간다

이 길 끝에 그 집이 있다

산수유 피는 개울 따라
구불구불 돌아들면 산 아래
조갑지마냥 다소곳 엎드린 초가 몇 채

하늘에 흰 구름 몇 점
마당에 구구구 병아리 품은 어미닭

가보지 못한 길 끝에
시냇물 흐르고
내가 조을고 있는 청마루 높은 그 집

나를 떠나서 나를 찾아간다
그토록 간절하게 먼 데서 흘러온 물길 끝에
또 하나의 물길 되어

집으로 간다

빛을 쏘다

1.
작은 콩알 속에 잠 든 씨눈이
싹터 줄기를 세우기까지 시루 속에서
몸 비틀며 밀어올리는 연두빛 시간

이따금씩 물 부어주면
온 몸 불리고 싹을 틔워서
마침내 까만 껍질 찢어지는 노란 꽃송이

2.
캄캄한 시루에 갇힌 콩나물심해어
하루 서너 번 주는 물을 통째로 꿀꺽 삼키고
젖은 몸 불리는 사코파린크스*
퉁방울눈으로 위만 바라보며 선禪에 들어
조금씩 줄기 밀어올리는 바렐아이*

작은 콩나물시루가 바짝 세상을 키운다
수심 1km 아래 푸른 바다에서
연한 싹 한 줄기 끌어올린다
빛을 쏘아올린다

* 심해어들은 깊은 바다에 적응해 살아가며 수심 1km 아래에서는 스스로 빛을 낸다.

개울가의 아스타나 묘지

북한산 대동문 지나 한참 들어간 골짜기
개울가 바위너설에 녹 슨 시계 하나 하늘 보고 누워 있다

유리판얼굴은 깨져 나갔다
시침 초침 팔다리도 없이 텅 빈 몸통가슴에 들어앉아
가랑가랑 마른 몸 적시는 가랑닢
사갈돌 모래낱도 제집처럼 누워 쉰다

시간이 멈춰버린 북한산
지층 아래 아득한 동굴 속에서
네안데르탈인의 속삭임소리 들린다
크로마뇽인 돌도끼 다듬는 소리 들린다

뭉게구름 한 덩이 흘러서 아득한 소용돌이
둔황 석굴 지나 투루판의 아스타나* 고분까지 흘러서
모자 쓴 해골 하나 녹슨 시계로 누워 있다

* 아스타나 : 위구르어로 '휴식'이라는 뜻

노내기 손가락 잡고

함안장에 소 팔아 빚잔치하고
빈손 털고 돌아오는 캄캄 저문 날

장터거리 우시장 목판에 앉아
국밥 한 그릇 먹고 싶다

김나는 시래기국밥 툭배기 너머
그대 노내기 손가락 잡고 싶다

장터거리 우시장도 목이 메어서
배나무실 고갯길도 발등이 부은 날
고갯마루 서낭당도 발가락이 아려오는 날

* 노내기 손가락 : 만지면 낫는다고 하여 어루만져주는 약손

라♬ 라♬ 라♬

미루나무 낙랑가지에
가을 하늘 걸렸다

바람이 지휘봉을 들자
노란 이파리들, 점 이분음표들
하늘도화지에 점・점・점・박힌다
라♬ 라♬ 라♬ 노래한다

땅 속 깊숙히 뿌리박고 서서
나무는 오늘밤부터
내년 가을 또다시
날개 달고 노래하는 꿈을 꾼다

내 만삭의 뱃속에서 꼬물꼬물
사분음표 몇 개 자라난다
겨드랑이가 점・점・점・간지럽기 시작한다
라♬ 라♬ 라♬ 노래한다

노란 햇살음자리표

구름 한 점 없는 겨울 한낮
초가지붕 위에 따끈따끈
쏟아지는 노란 햇살음자리표
남향받이 토방에 앉아
공기놀이하는 영자와 꼭지
통통 굴러가는 웃음공깃돌
파란 겨울 하늘 높이
옥구슬음자리표 찰랑찰랑

4부

호모 모빌리쿠스

나는 마음 약한 빨간 궁둥이 원숭이
무리에서 떨어지면 가슴이 콩닥콩닥
큰 소리로 친구이름 불러야 해
구름 그림자라도 손짓해야 가슴 쓸어내리지

나는 마음 약한 스마트폰 원숭이
금방 헤어진 애인이 왜 카톡 보내지 않지?
하루에도 서른 번 넘게 눈 맞춰야 해
내 손안에 꼭 맞는 폰이 없으면 금방 눈앞이 노래지지

나는 파란 눈알 굴리는 인터넷 원숭이
서핑과 쇼핑 사이
날마다 클릭클릭, 목뼈가 휘도록 그대를 불러대지

오늘 우리는 커플각서에 도장 꾹 눌러
감옥 하나 만들었어
그대 목을 꽉 조르고, 엄지 하나로
그대 심장 속 들락날락, 악마의 앱 속에 나는
천사의 날개 달고 날아오르지

오, 지금 이 순간 목뼈가 휘어져도

카르페 디엠![**]

* 호모 모빌리쿠스(Homo Mobilicus) : 휴대전화가 없으면 못 사는 현대의 새로운 인간형

** N. H. 클라인바움 작 '죽은 시인의 사회'에서 인용

탈, 인간

미장원에서 파마를 한다
자유로웠던 마지막 흔적 검은 털을 동글동글 롤에 감는다
동굴에서 살던 알몸시절
추위 막아주던 털의 모습 되살린다

뜨거운 바람에 삼손의 힘찬 머리털을 말린다
먹고 자고 새끼 낳고
해 아래 부끄럼 없던 긴 꼬리털이
신생대 불의 강을 건너온다

온 몸에 뜨거운 소름이 돋는다
네 발에 날카로운 발톱이 돋아난다

사차원 인간인 것이 탈이다
덕지덕지 붙여놓은 두꺼운 탈을 벗는다
무거운 인간을 탈脫한다
문명의 찌꺼기는 다 탈燒것이다
오로지 네 발만 탈乘것이다

변검술 벗어버린 맨 얼굴
산등성이 너머너머 힘차게 달린다

휘날리는 너와 나의 갈기
해 아래 부끄럼 없는 알몸 꼬리털이
신생대 불의 강을 건너온다

다이옥신을 배다

암사동 한강 가에 산책로를 만들면서
갈대밭은 온 몸에 쇠독毒이 퍼졌다

커다란 쇠손가락이 갈대를 모조리 쓰러뜨렸다
가랑이 찢긴 채 널브러진 그녀 벌건 하체를
단단한 쇠발바닥이 쾅쾅 다지고 자갈을 퍼부었다
자궁 속에 모래 가득 채워 길을 고르자
배불뚝이 사람들 발소리가 밤낮없이 심장을 울렸다

변죽으로 밀려나 가까스로 목숨 건진
불임갈대들
우울증 고인 해마*밭이 까맣게 죽어
제가 갈대인 것도 잊고 쓰러졌다
엉킨 가랑이 사이에서
다이옥신을 밴 불임자궁만 부풀어오른다

요즘 내몸에도 독이 퍼졌다
컴퓨터와 스마트폰이 없으면,
사이버게임에서 이기지 못하면, 밤을 하얗게 새우는 나
안 보이는 손가락 전자파총에 명중 명중!
뇌 속 뉴런**이 까맣게 죽어간다

〉
등 기댈 의자 하나 없이 독방에서
다이옥신 사료를 퍼 넣으면서, 클릭클릭,
몰아치는 마우스에
빨강파랑 욕망의 머리칼이 춤을 춘다
숭숭 구멍 뚫린 나의 해마
갈피마다 돈파람소리 팔락거린다

다이옥신을 밴 불임자궁만
저 혼자 부풀어오른다

* 해마 : 대뇌피질 속의 신경세포다발(뇌 속의 기억창고)
** 뉴런 : 신경계를 이루는 기본단위, 감각, 운동, 사고 등의 생명 활동이 이루어진다

에이레네여 온 세상에 평화를

포화가 쏟아진다, 피바람이 몰려온다
무인 드론이 움직이는 점을 쫓아가며 포탄을 쏘아댄다
흰 눈밭에 뿌려지는 붉은 피, 피……
포탄의 눈, 미사일의 큰 눈 앞에서 사람은 그냥
점 하나다

도시가 무너졌다, 내가 살던 집들이 모두 불타버렸다
사랑하는 아들과 딸, 부모가 모두 죽었다
얼마나 많은 피가 강물되고 바다 되어야
멈출 것인가

나는 못본척, 모르는 척 고개 돌린다
먼 곳의 소식이라고, 그들만의 사정이라고
너와 함께 웃으며 밥을 먹는다, 따뜻한 잠자리에 든다

멀리서 점 하나 둘 비명소리
점점 크게, 점점 가까이 온다
내게로 온다

파괴와 살육의 신 아레스여, 저주받은 무릎을 꿇어라
창을 꺾고 잠들어라, 영원히

〉

평화의 여신 에이레네여
옷자락을 펼쳐라
그대 사랑의 가슴으로 온 세상에
평화가 깃들게 하라
전쟁으로 허물어진 죽음과 상처를
빈곤과 고통을 모두 치유해다오
평화 없이는
목숨도 자유도 기쁨도 사랑도 없다

죽음의 땅에 태양이 다시 빛나고
새싹이 자라고
아이들이 뛰놀고
풍요와 축제로 온 세상을
사랑과 기쁨에 차게 해다오
정의와 질서가 깃들게 해다오
평화여! 어머니여!

삼엽충이 다시 나타났다

꽃은 피는데
향기가 없다
꽃이 지는데 열매가 없다
벌나비와 몸 섞어 사랑하지 못한 꽃
복제인간은 태어나는데 가슴이 없다

언제부턴가 마구간에 소도 말도 없어지고
비닐도 두엄도 썩지 않는다, 썩지 않는 두엄 속엔 벌레가 없다
진딧물 먹는 무당벌레, 두엄 우에서 큰 눈 껌벅이는 두꺼비
단 열흘 노래 위해 땅속 7년을 견디는 굼벵이
가슴 따스하던 인간, 모두 화석 속으로 들어가고,
아무도 없다

아마존 밀림엔 사막먼지 날리고
고생대의 빙하가 다 녹아 육지를 덮쳤다

캄브리아기에 깊이 잠든 삼엽충이 잔발로
스믈스믈 기어나와 지구의 주인 되었다
'고마워라,
인간들이 데워준 지구가 6억년 내 추운 잠을 깨워주었네'

초록별 새 지구

–아마존의 비명 · 1

깊은 밤
누군가의 앙상한 손가락이 날 흔들어 깨웠다
쓰러진 지구 허벅지를 밟고 와
내 어깨 기대어 흐느껴 울었다

날 살려줘
제빌 날 베어가지마

베여 넘어지는 아름드리 나무들 신음소리
허옇게 뒤집힌 물고기 썩은 눈알
뿌리 못 내리고 떠다니는 풀씨들 울음

쓰나미에 지진에 폭설
아이들 비명소리
졸아든 심장, 소금이 된 바다 눈물

밤마다
잠든 나를 흔들어 깨우는 앙상한 손을 잡고 나는
불타버린 별, 샘물이 말라버린 지구를 떠난다

개미와 베짱이 물고기와 치이타

고래 표범과 여우 이리 사슴이 어울려 사는
민들레 엉겅퀴 풀꽃들이 깔깔
웃음 터뜨리는
장미의 별, 초록별 새 지구를 만들러 간다

왜 우리는 모를까
–아마존의 비명 · 2

지구를 초록별이게 하는건
네가 있기 때문이지
너의 풋풋한 숨결이 내 심장을 적시고
지구별 심장을 적셔주었지

네 입에서 끝없이 뿜어져나와
우리를 살게 하는
생명을 살게 하는, 푸르른 숲의 향기

그러나 이제 숲이 사라지고 있다
일 분에 축구장 여섯 개 넓이 숲을 베어내고
마구잡이 불태우는 인간 욕심에
녹색바다는 모래바람 사막 되었다

최악의 가뭄에
마른 강바닥 덮은 수백만 물고기떼, 허옇게 뒤집힌 배
허리케인 폭우에서 큰 불 대지진까지
네가 지르는 단말마의 비명인걸
왜 우리는 모를까

훼손된 지구허파에서 나오는 썩은 입냄새

참다참다 못해 내쉬는 너의 한숨 바이러스
맨가슴 찢어내며 지르는 비명소리

갈라진 맨 가슴에 생명을 심어
세상에서 가장 느린 나무늘보*와 손잡고
초록 융단 위를 맨발로 걷자

지구를 초록별이게 하는 건
네가 있기 때문이지
너의 웃음소리 너의 숨결, 너의 향기로운 입내음이 있기 때문이지

* 나무늘보 : 열대우림에 사는 동물. 나무에 거꾸로 매달려서 시속 900m로 이동하지만, 땅 위에서는 가장 느린 동물

메꽃입술

비 갠 초여름 오후
분홍입술의 그녀가 메꽃을 보내왔다
송파둔덕에서 방금 찍었다고,
이슬방울 맺혀있는 해맑은 모습이 손전화로 날아왔다

너의 어린 눈동자를 내 일찍이 알고 있지
학교 갔다 놀아오는 고갯실에
책가방 나 몰라라 던져놓고 몰려가서
비알밭 둔덕에 엎드려 꼬챙이로 헤집어 캐먹던
그 메꽃뿌리

그 때 잘린 줄기가 반세기 지난 아직도 살아남아서
말간 꽃눈으로, 하얀,
달짝지근한 진액 묻힌 채
흙 묻은 그때 내 입술 보고 아는 체 한다

연분홍꽃잎이 서울 매연에 닳고 닳아서
하얗게 얇아진 입술로
사람들 독한 내음 견디느라 실핏줄 드러난 잎맥으로
손을 내민다

로봇도시

네모난 장난감 안에 로봇들이 앉아서
고개 끄덕이며 굴러간다 빅 브라더* 큰 손 눈짓 따라
캄캄한 창문 안엔 텅 빈 내장, 은밀한 눈웃음
검은 속삭임 속 빈 머리만 덜컹덜컹

한밤의 강변도로
거대한 공룡들이 비늘마다 불길 내뿜고
꼬리로 세상 쓸면서
꿈틀꿈틀 앞으로만 달려간다

어디일까
로봇들이 줄지어 굴러가는 그곳은
공룡의 붉은 꼬리 희번덕이는

어디일까, 어지럽게 흔들리는 붉은 물가
빈 머리통만 덜컹덜컹 덩달아 밀려가는
심장이 없는 텅 빈 이 로봇도시는,

* 조지 오웰 소설 '1984년'에서 차용

꿈 미장원 케리양

케리는 오늘
휴가받아 고향에 갔다

남의 머리 처음 자르며 손 떨리던 날부터
바닥에 수북한 머리칼 쓸어모아 남몰래 꿈조각 심었다
말이 안 통해도 눈빛만 보면 척척 알아채고
케리, 케리! 부르는 소리에 신나서
두 평 지하실세상 종횡무진 누볐다

다리가 퉁퉁 부어 잠 못 드는 밤마다
미용가위 갈며 한 땀 한 땀,
흩어진 가족의 꿈 기워가던 케리
헌 옷만 얻어 입고 10년 모은
꿈보따리 싸들고 갔다

7남매 두고 개가한 엄마 대신
젖먹이 동생 업고 공부하던 교실,
시장바닥 흙 묻은 바쵸이* 가락 집어먹던
커다란 눈, 여윈 손가락들에게

비가 새는 판자집, 젖우물도 말라버려 헛손질 하는

앞 못보는 엄마에게
꼭지만 틀면 더운물 콸콸 솟는 새 아파트 싸들고
고향으로 날아갔다

* 필리핀의 대표적 서민음식인 국수

아들 심청이

엄마, 이제 내 얼굴 잘 보이지요?
엄마 눈 고치려고 평생을 바쳐
오늘에야 로돕신*의 구조를 알아냈어요
여섯 살이 예순 세살 되도록 하루도 엄마를 잊어본 적 없어요

그날, 가을햇살 쨍하니 내려쬐는 타작마당, 신나는 잔칫날
나락 알갱이에 맞아서 엄마가 얼굴 싸매고 주저앉은 뒤
갖은 약도 효험 없이 단풍잎 같은 제 손을 놓고 떠나가신 뒤
세상의 모든 빛들이 일시에 내게 달려들었죠
(네가 해내야지, 엄마 눈을 뜨게 해야지!)

빛과 모양을 뇌에 전해주는 로돕신
찰나에 다섯 가지 다른 구조로 바뀌며
망막신호를 뇌에 전해주는 단백질들
제가 보내는 이 간절한 사랑의 전파가
언제쯤이면 엄마 뇌에 환하게 닿을 수 있나요?

밥도 안 먹고 잠도 안 자고 엄마 아들은
지옥도 마다 않으리라 날마다 실험실에서 지새우며
이제야 엄마 눈 띄울 심청이가 됐는데
엄마는 어디 있나요?

〉

세상의 모든 엄마,
춥고 깜깜한 동굴 속에서 더듬거리지 말고
제 손을 잡으셔요
환히 웃는 그 모습 모두 보고 싶어요
(이 아들이 세상을 밝히는 심청이가 될게요)

* 전북대 최희욱 교수가 '망막에 맺힌 빛의 신호를 뇌에 전하는 단백질들의 입체구조'를 밝혀냈다(2011.3.14. 조선일보에 연구성과와 사연이 실렸다.)

그대 다시는 고향에 가지 못하리

햇살 반짝, 글썽이는 삼월 초순
을숙도 모래톱에 홀로 남은 큰 고니* 한 마리
시베리아 고향으로 백조의 호수로 돌아가는 가족들
사라진 뒷모습 바라보고 서 있다

지난겨울 비 내리던 밤
배고파 웅크린 어린 새끼 돌보다가
날쌘돌이 삵에 물려 목숨만 건진 어미고니
새섬매자기 부드러운 줄기 한 입 베어 물다 말고
긴 목 더 길게 빼어 바라본다
찢어진 외짝날개, 남은 외발로 발돋움 해본다

젖배 곯아 깃털 짧은 내 아기들아
하늘 높이 날다가 어느 구름 아래서 허기지거든
마르지 않는 내 눈물에 목축이며 가거라
더 큰 사랑을 위해
어미를 송두리째 잊어버려라**

* 큰고니(백조) : 을숙도나 우포늪에서 겨울나고 봄이면 시베리아, 캄차카반도로 돌아간다. 먹이가 없어지고, 삵에게 희생돼 해마다 숫자가 줄어들고 있다.

** 토마스 울프의 소설 '그대 다시는 고향에 가지 못하리' 마지막 구절 차용.

입무덤

내 입은 세상에서 제일 큰 무덤이다

포슬한 땅에 묻혀 새움 돋을 씨알, 밥공기 수북한 밥알
돋아나는 미나리 시금치 싹둑싹둑 목 잘라
펄펄 끓는 물에 삶아 참기름 깨소금에 무친 푸른 잎
맛나게 씹어대는 내 입

어제 저녁 살코기만 찢어발긴 고등어 빨간 눈알
아침 국그릇에 은수저로 건져 올린 송아지 한 마리
비계덩어리 엉겨 붙은 내 핏줄 속 함께 돌다가
쌍꺼풀 커다란 눈으로 나를 쏘아본다

세상에서 제일 큰 입무덤 속
뼈비늘 살비늘 갈피마다 새파란 목숨 끊어 묻어놓고
욕심종유석 삐죽삐죽 검은 동굴 속에서
그 입으로 조그맣게 말한다 '더불어 살아야지'

오늘은 내 생일날, 더불어 사는 즐거운 날
한 상 그득 차려놓고 이웃 입무덤들 불러 잔치 벌여야지
더 큰 입무덤을 만들어야지

불이不二, O_2와 논다

태백산 금강송 물관부를 타고 오르는 만 년 전의 나
만년 후의 나
하늘 아래 둥글게 손잡은 생명의 붉은 띠
O_2는 함께 논다

지하철 계단 아래
한칸 신문지 방에 웅크린 너의 폐 속 얼어붙은 공기도
내 가슴 좌심실 우심방에 들어와 함께 논다

요양병원 침대 위 치매노인 끙끙 앓는 피빛 하늘
요덕탄광 지하 700m 갱 속 석탄가루 범벅 눈동자만 하얀
채탄공의 검은 하늘도
모두 우리하늘

백두산 태백산 소나무 뿌리에
너와 나의 눈물을 부린다, 우리의 하늘을 부린다
생명의 붉은 띠
O_2끼리 넘나들며 하나 되어 논다

* 불이不二 : 분별이 없고 차별이 없는 세계. 너와 나, 있음과 없음, 삶과 죽음, 미와 추가 다르지 않고 근본은 하나로 연결되어 있으며, 하나와 나머지 여럿의 관계는 근원적으로 둘이 아니며 관계의 그물망 속에 존재한다는 연기론적 관점

사랑씨앗

저,
배꼽에서
꽃들이 피어난다

땅에서 하늘에서
떠다니는 별들에서 아득한 웜홀 속에서도

꽃들이 피어난다
사랑고백이 시작된다

화르르 화르르 벚꽃잎들
날리며 떨어지며 고백 하나 심어놓는다

돋아나는 버찌들
뾰족뾰족 입술 모아 대답한다
"사랑해요" "사랑해요"

풀도 나무도 다람쥐 개구리도, 별님도
우주는 사랑으로 넘쳐흐른다
벚나무 아래 지구 배꼽에 나도
사랑씨앗 하나 심어놓는다

봄 오는 만날고개

날마다 조금씩 해님 얼굴 살쪄가는 만날고개
물 오른 산등성이 분홍빛 살갗 열리면
햇빛 한 올씩 따먹은 아기들 깨어난다
팔 다리 크게 벋어 기지개 켠다

산수유 봉오리마다 노란 달을 안고
암술 수술, 입에 문 수전수만 달의 아이들
재잘대며 비탈고개 달려온다

탱탱한 아침 공기 손가락에
흙의 젖가슴이 스멀스멀
분홍빛 젖꼭지 간질간질 부풀어오른다

5부

스푸마토기법으로

스며들고 싶다 그대 속으로
다빈치가 모나리자를 그리던 스푸마토sfumato기법으로
안개 되어 은은히

넘어서고 싶다
너와 나 사이 가로막은 캄캄한 밤,
강강한 벽을 지우고
붉고 흰 바이러스 마스크를 지우고
사뿐히 색색깔의 다리를 건너고 싶다

아침노을 저녁안개
이 아픔 지나가고 별이 빛나는 새벽
아다지오 향기로 다가가리
자디잔 풀꽃송이, 세상속 작은 우주
모든 그대 속으로

2020년 천지에 봄은 오는데

꽃을 보면 눈물 난다
격리병실 창 너머로 찍었다고
대구에서 그대가 손전화로 보내준 꽃

언제였던가
그대와 나란히 활짝핀 벚나무 아래 걷던 날이
그저 웃고 얘기하며 우리들
함께 모여 마주 앉아 밥 먹던 꽃피는 시간 아래

함께 피어서 더 아름다운 수만 송이 수선화
소복소복 모여 피어나는 제비꽃동무들
너희들은 코로나를 모르니 마스크가 필요없구나
죄없이 웃고 있구나

신종 코로나바이러스를 불러들인 인간들의 죄와 탐욕
마스크 하나로 가려지지 않는 이기심
용서해다오 수선화야 개나리야

박쥐야 낙타야 인수공통감염병[*]을 모르는,
죄없는 이땅에 오는 새봄아
목숨을 돌려다오, 나날의 작은 기쁨들을

돌려다오
나의 죄를 용서해다오

* 동물이 가지고 있는 바이러스가 돌연변이를 일으키면서 사람에게 전파되는 질병

3차대전 안개 속

모두 멈춰있다 인천국제공항
꼼짝 않는 비행기 행렬
한 시간에 작은 비행기 한 대 그림 속에서 빠져나와
날아오른다, 아주 천천히

산과 바다 하늘도 정물화 속에 잠들어 있다
5분에 한 대씩 날아오르던 세 개의 활주로
자기부상열차, 땅 속 동네 모두 고요 속에 잠들어있다

먼 나라에서 오는 코로나바이러스
보이지 않는 3차대전을 싣고 왔다
세계 인간들을 꽁꽁 우리 속에 묶어 넣고
혼자 전진 또 전진, 숙주를 찾아서

전황은 안개 속,
불태워져 흩어지는 사람가루들을
늙은 소나무가 큰 키로 묵묵히 바라보고 서있다

참혹한 손

-코로나 영웅들의 손

생명 살리는 손
참혹한 손 거룩한 손

코로나19 환자 치료하느라
방호복 속에서 쪼글쪼글 말라가는 손
겹겹이 낀 장갑 안에서
헐고 벗겨지고 불어터진, 따가워서 머리도 못 감는 손

저 손에 의지해 살아난 이 얼마나 많을까
사랑하는 가족의 손도 못잡고 혼자
저승길 떠나는 그 순간에
저 손에 다독다독 위로받은 이 얼마일까

나만 위하는 부끄러운 손으로
마음의 꽃을 바친다

피
땀
눈물로 국민생명 구하는 숭고한 손
참혹한 그 손에 입 맞춘다

꽃문을 연다

도서관 옆 작은 편의점이 문 닫았다
꼬마김밥집이 문 닫았다
새봄 꽃들도 꽃문을 닫았다

천호공원 입구 불꺼진 가게 유리창
"폐업정리" "세입자 구함" "그동안 고마웠습니다"
넋이 빠져나간 종이만 펄럭거린다
퀭한 눈만 껌벅거린다

코로나가 쓰러뜨린 이웃들
앙상한 뼈만 남은 빈 손 들고
어느 하늘아래 헤매고 있나, 하염없이

사람이 사라진 빈들, 참새도 안 오는 빈들에
팔 다리 잘리고 빚만 짊어져 휘어진 어깨
팬데믹에 휘청거리는 지구를 등짐 진 어깨

넓은 잎사귀에 빗물 고여도
이내 쏟아버리고 꼿꼿이 일어서는 연잎처럼

등이 휜 우리도 다시,
피어나리라 환한 봄날
나무마다 새잎 돋는다 꽃들이 문을 연다

코로나19 밥그릇

꽥꽥 덩치만 커다란 왜가리
얼어붙은 강바닥 헤매던 왜가리
목깃에 부리 묻고 얼음 위에 다리 오그리고 이밤 새울까

코비드19로 문 닫은 무료급식소
닫힌 문고리 앞에 서성이던 발자국들

신문지 한 칸 방에, 목깃에 부리 묻고
낡은옷깃 올 사이 배어있는 햇살밥풀 뜯어먹고 있을까
집 나간 아내 남겨진 어린 자식
남은 온기로 꿈마다 식어가는 심장 데울까

서울역 청량리역
탑골공원 담 옆에 흔적 없는 그림자들
참새와
왜가리와
얼어붙은 길바닥 얼어붙은 밥그릇
코비드 바이러스가 닫아버린 지구별밥그릇

상실의 시대

시나브로 잃어버렸다
얼굴을 잃어버렸다

웃는 각시탈, 성난 사자탈
계절에 맞추는 바이러스탈들이
숨 막히게 내 얼굴 덮고 있다

뿔을 세우고 덤벼보지만
힘겨운 상대 앞에 서면 주관 없이 흔들흔들
일곱 살 젖니처럼 뽑혀나간다
머리카락 수만큼 돋아나도
뿔 뿔 뿔 흩어지는 뿔

맑은 날엔 가슴 속에서 그리움의 손길 돋아나
탈을 찢는다, 뿔에 구멍을 뚫는다
잠시
구름 없는 하늘 보였다 사라진다

날마다 나는 찢어진 탈, 다 닳은 신발을 신고
흔들리는 강물 속

가도 가도 제자리
잃어버린 얼굴
잃어버린 세상의 바닥을 끌고 간다

촉수를 뻗친다 스믈스믈

영구동토층*이 녹고 있다

북극과 남극 가까운 고위도 지역
녹아내려 습지가 된 땅에서
갇혀있던 고대 바이러스 스믈스믈 고개 든다

뜨거워지는 지구가
3만년 냉동된 내 잠을 깨웠네
감사하는 마음으로 무수히 많은 동료들의 잠을
깨워줘야지, 힘을 합해
인류와 동물들을 모두 사랑해주어야지

코로나 바이러스보다 더 힘센 바이러스떼들, 일제히
촉수 뻗친다 스믈스믈
인간과 순록이 펭귄이,
생명들이 모두 쓰러진다

뜨거워지는 지구를 오늘, 멈추지 않으면
인류세 말기, 지구시대 종말
인류는 모두 사라지고
바이러스가 지배하는 캄캄한 혼돈

침묵 세상이 되리라

지금,
너와 내가 멈추지 않으면,

* 수천 년 동안 결빙온도 이하로 유지되는 땅. 최근 지구온난화로 빠르게 녹고 있음

바이러스앱

밤마다 귀가 운다, 귀머거리 내 귀가 운다

세상이 모두 병원이다
세상 사람들이 모두 벙어리다
바이러스에 감염된 귀머거리다

손가락 하나만 놀려, 고개만 까딱까딱
듣고 싶은 것만 찾아 듣는 귀
보고 싶은 것만 골라 보는 눈
귀찮은 것 싫은 건
보지도 말하지도 만나지도 않는 독한 바이러스앱에 감염되어
귀머거리 당달봉사 허여멀쑥 키만 큰 가로수들
줄지어 걸어간다

홀로세(Holocene) 말기의 막혀버린 벽을 마주 하고
귀머거리 내 귀가 운다
물로도 불로도 녹지 않는 바람벽 더듬어
눈 먼 내 눈들이 밤마다 운다

'문을 나서면 모두가 욕이고 책을 펴면 부끄러움 아닌 것이 없다'*

이목구耳目口가 모두 막힌 나를
바이러스에 막혀
너에게 가는 길을 잃어버린 내 절벽가슴을
긴 목을 빼고 창밖에서 내가 들여다본다

* 조선후기 학자 이덕무의 '이목구심서耳目口心書'에서 차용

마스크 쓰고 같이 놀아요

안방 문 잠가놓고
엄마는 재택근무한대요
코로나 때문에 회사에 못 간대요

나는 동생과
거실에서 놀아요
코로나 때문에 유치원이 문 닫았어요

동생이 자꾸 안방 문을 두드려요
"엄마 같이 놀아!"
"심심해"

닫힌 문 앞에서 울음 터뜨리는 동생을
달래다가 나도 같이 울어버렸어요

"엄마 거기 있는 거 다 알아"
"마스크 쓰고 같이 놀아요"

전화기는 아빠 집

수미는 먼 나라에 있는 외가에서
엄마랑 몇 달 동안 있다 왔어요
코로나로 발이 묶여 이제야 집에 왔어요

“아빠 어디 있어?” 물으면
전화기를 가리켜요

영상통화 할 때 전화기 속에 있던 아빠
왜 옆에 있는지
고개 갸웃갸웃

전화기가 아빠 집인데요

우리는 친구야

–아베 고보의 '침입자'

등 뒤에서 날 노리고 있는 열 두 겹 톱날 올가미
눈앞에선 언제나 웃고 있는 그 얼굴
얇은 피부가면 안쪽에서 속삭인다
'널 사랑해'

사방에서 목 조이는 검은 햇살바퀴들
눈앞에 다가올 땐 검은 미소 짓는다
얇은 가면 살짝 구기며 귓가에 속삭인다
'널 사랑하기 때문이야.'

심장 조이는 달콤한 그 한 마디
폐부 깊숙히 스며드는 달콤한 그 향기
가까이 올 땐 언제나 속삭인다
'우리는 친구야'

까만 햇살바퀴에 깔려
검은 향기에 취해 파열하는 심장
눈앞에선 언제나 미소 짓는
그 얼굴, 얼굴, 얼굴들의 올가미

노고단신부

구례 사는 후배가 택배로 보내준
새소리를
오늘 그의 뜰에 와서 다시 듣는다

포근포근 살갗에 감겨오는 남도의 겨울
실실이 겨울비 그친 아침 뜨락
텃밭가에 감나무 고목 가지 위에서
삐이 삐빗 삐잇

잠시 그득해지는
텅 빈 겨울 하늘
흰 면사포 쓴 노고단신부 맑게 웃는다

낡은 기와집 흙담 너머
봄 햇살 기다리는
삐이 삐이 삣종 간질간질
두릅나무 애기눈이 까치발로 내다본다

사각관계

바람과 바람난 서해 바다가
알몸으로 달려온다

넓은 개펄의 옷을 막무가내 벗긴다
하얀 얼굴로 갈색 살갗을 파고든다

개펄과 사랑을 나눈 바다는
개펄의 갈색얼굴이 된다

바람과 바람나는 봄날엔
하늘도 바람나서 갈색 파도에 업힌다
엎치락뒤치락 사랑놀이 뒤엉킨다

사각 사각 새싹이 돋아난다

6부

빛의 등뼈고리들

–코랄과 변주 피아노 독주

건반 위에서 튀어나와 퍼득이는
빛의 등뼈고리들

수천 수만의 음표로 몸을 입은,
로댕의 위대한 손으로도
만들 수 없는
소리의 흰 등뼈고리들

소리 비늘 하나하나
쿵쾅거리며 내 가슴으로 건너온다

풀밭 위의 잠
–김민지 피아노 독주

네가 그려내는
파도의 빛
출렁이는 혼돈의 계단을 넘어
푸른 풀밭에 누워 잠에 빠진다

내 늑골을 긁어대는 흰 손가락
심장 옆구리에서
갑자기 빠져나간 풀이파리
통통 굴러가는 꽃방울

먼 데 하늘이 내려와
포근한 잠
긁어대는 잠
두들기는 잠 뒤섞이는 잠
춤추는 잠, 불타오르는 잠

건반 위에서 함께 꾸는
풀밭 위의
찬란한 무지개꿈

눈동자가 똥그랗다

솟아오르는 분수 앞에서
세 소년이 그림 그리고 있다

저만치
소마미술관 전시회 안내판
'고흐에서 피카소까지'

잘린 귀를 들고 고흐가
바다를 건너오는 중이다
갈잎배 타고 달마대사도 바다를 건너온다
갈대 피리 소리 타고 피카소와 달마대사
반 쪽 입이 눈 위에서 서로 웃고 있다

피 흘리는 고흐의 머리 위
세 소년의 눈동자가 똥그랗다
분수의 발부리는 보이지 않는다
떨어지는 물은 보이지 않는다

물보라 무지개 위를 날고 있는 눈동자
똥그란 내일의 눈동자가 춤을 춘다

꽃씨 항아리 사과 향기
—가야금 산조

야윈 신경줄 툭툭 건드려놓고
가슴 후미진 골목 속속들이 흘러넘친다

선혈 낭자한 모세혈관
잠자던 신경세포 올올이 솟구쳐 올라
얼쑤얼쑤 불춤 춘다

꽃씨
항아리
사과향기
별의 눈빛

눈 감고 귀 막고
넓은 강 언덕 함께 거닌다
먼지 가득한 넋을 씻어 말린다

김영갑 갤러리 두모악

비에 젖어 있는 두모악 갤러리 뒤뜰에서
하얀 버섯 서너개와 눈이 딱 맞았다
비스듬히 누운 소나무 등을 타고 돋아나는 그와,

제주바다에 홀려서
돌과 바람과 바다를 여기 '두모악'에 들여놓고
오름과 해녀를 사랑해
'삽시간의 황홀'을
'제주의 혼'을 영혼에 인화해서 우리 앞에 펼쳐놓고
루게릭병으로 하얗게 말라서 바다로 가버린 그 사람

푸른 잉크 번져가는 파도로
용눈이오름의 바람 한 올로
내 머리칼을 스쳐간다

굳어가는 근육을 가까스로 움직여
오늘 하루가 전부인 것처럼
아직도 카메라 셔터를 누르는 그,
뒤뜰 소나무 등허릴 타고 오르는 하얀 카메라눈과
눈이 딱 맞았다

눈부처

–단아의 탄생을 축하하며

산나리꽃 한 송이 눈 맞춰주세요

우리 아기 눈동자에 별이 떴어요

하늘의 별들이 전율하네요*

들판에 풀꽃들이 모두 피었어요

온 세상 강물이 반짝이며 흘러가요

우리 아기 아람치**는 우주보다 크지요

* 다그니 케르너 · 임레 케르너 지음 '장미의 부름'에서 차용
** 자기가 차지하는 자리. 순 우리말

꽃 피는 너

—단아에게

꽃이 피는 모습을
슬로비디오로 본 적이 있다

한 잎 한 잎
겹겹이 입을 벌리고
방긋방긋 웃으며
허공을 끌어안는

꽃잎마다 날개되어
날아오르는

네가 웃는 모습을 슬로비디오로 본다

빛나는 날개 달고 날아오르는
내일의 네 모습 꽃잎 속에 피어난다

꽃송이마다 가득 들어차 여물어갈
씨앗의 날개
먼 훗날
세상을 끌어안고 피어나는 너의 봉오리

활짝 피어나는 꽃송이를 본다

한 밤도 안잤다

모처럼 짬 내어 엄마 곁에 머물다
떠나는 날
"벌써 갈래?" "엄마! 세 밤이나 잤어요"
"한 밤도 안 잔 거 같다"

어릴적
외할매 제사 시내러 가는 엄마 치마꼬리 붙잡고
"한 밤만 자고 와야 돼, 응?"
손가락 걸어 다짐받던 나

퍼른 핏줄 툭툭, 나뭇가지 손을 잡고
"세 밤이나 잤어요"
엄마는 말없이 부엌으로 가서
빈 밥그릇 들었다, 놓았다,
수도꼭지 틀었다가, 잠갔다가,

집으로 돌아온 나도
말없이 욕실로 가서
차디찬 얼음물을 확 뒤집어썼다

바람아 조금만 더!

고속열차를 타러 가면,
선로에 늠름하게 서 있는 열차를 보면,

1초가 늦어서
출발하는 차를 놓치고 망연히 서 있던
그때 내모습이 보인다

"나도 같이 가믄 안되나?"
보따리 꽁꽁 싸놓고 간절한 눈빛 보내던 엄마
젖먹이 떼어놓고 출근하던 그때처럼
돌아보지 않고 요양원에서 도망쳐나오던 때

길가에 앉아서 울다가울다가
늦게서야 달려온 나를
기다려주지 않고 눈앞에서 떠나버린 기차

늦게서야 후회하는 나를
기다리지 못하고 떠나버린 엄마

부산에서 서울행 고속열차 타러가면

시간 맞춰 기다리고 서 있는 저 기차처럼
엄마도 거기 서서 날 기다려주셨으면,
바람아, 조금만 더!

왕오천축국전의 바람

너는 혜초보다 먼저 있어야 돼야
알을 갓 깨고 나와 두 눈을 말똥거리는 어린 새에게 스승은
慧先이란 호를 지어주셨다

(혜초보다 지초보다 더 향기롭게 지조 있고 고결하게
앞서 가라는 그 뜻을
제자는 짐 지지 못했다, 내려놓지도 못했다)

국립현대미술관 기획전시실
천 삼백년만에 고국으로 돌아온 '왕오천축국전'
어정쩡하게 기울어진 어깨로
유리 상자 속으로 더듬이 뻗어
영원히 죽지 않고 살아있는 혼을 만져본다

소름이 오장육부를 찌른다
열다섯 살에 당나라 건너가 열아홉 살부터 4년간
12,000Km를 걸어서 다섯 천축국을 순례한 기록
단군 이래 최초의 배낭족 계림의 젊은 혜초스님
그 사내의 새파란 눈과 머리와 가슴이 나의 온몸을 찔러댄다

'너는 혜초보다 먼저 있어야 돼야'

중국의 서쪽 끝 둔황과 누란을 지나
즐비한 해골 가운데 모래바람 날리는 실크로드 따라
북천축 서천축 중천축 남천축 동천축을 돌아 나오는 그의 발걸음이,
누런 닥종이 두루마리 358cm에 꾹꾹 눌러 쓴 227줄 5893자의 글자들이
펄펄 살아서 천산산맥의 바람을 내게 날린다, 명사산의 모래를 마구 퍼붓는다

엄마의 흙을 보낸다

-날마다 다시 태어나는 딸에게

아침에 잠 깨어 습관대로 너의 빈방을 들여다본다
무심코 돌아 나오는 등 뒤에 재깍거리는 시계소리
책꽂이에 꽂힌 서양미술사와 장미의 이름
그 옆에 문학과 평론, 삼국유사가
침묵 속의 네 목소리에 귀 기울이고 있다

2012년 6월 23일 토요일
너는 한국보다 한 시간 늦은 북경의 아침에 일어나
부랴부랴 도서관으로 향하겠지
남쪽으로 향한 기숙사 창문을 잘 닫아두고
넝쿨장미가 향기로운 미명호수길을 걸어서
오래된 책 향기 풍기는 도서관에서 밤늦도록 노사老舍*를 깊이 만나리라

네가 태어난 오늘 나는 너에게
앞마당의 흙을 보낸다
아끼는 푸른색 블라우스로 주머니를 만들어
어린 너희들과 즐겨 산책하던 마당가의 흙,
모국의 속살을 파서 하늘길로 보낸다

오늘도 너는 다시 태어나리라

뜨거운 엄마의 속살 속에 바람 속에
스러져간 무수한 조상들 넋의 새 옷 입고 태어나리라

봄하늘 무지개빛 자귀꽃잎
날개 달고 날아오른다

* 노사老舍(1899~1966) : 딸(박희선)이 연구한 중국의 소설가

목이 긴 새

이제는 다 커서 어미품을 떠나버린
아들이 초등학교 오학년 때
애벌구이 도자에 그린 화병 하나
책상 앞에 놓고 틈만 나면 그 속에 들어가 산다

셀 수 없이 많은 산
산 위에 골짜기에 뿌리내려 자라는 나무들 집들
산발치엔 쉬지 않고 흘러가는 물의 아이들
하늘에는 웃으며 빛을 보내는 해님

구름 한 점 둥실 뜬 하늘에
큰 날개 펼친 붕새, 꼬리는 짧고
목이 길다

우리 함께 거니는 이 푸른 희망동산에서
짧게 돌아보고
눈은 영원을 향해 길게 열어두자
낮은 곳으로 스며드는 물의 아이로 흘러가자
낮을수록 넓고 깊어지는 물이 되자

이병규체

"임자 죽을 때 손목은 떼어놓고 가게"

아버지 친구들은 아버지 문장과 글씨를 아꼈다
대산면청 호적계, 함안군청 마산시청 근무할 때
유심회唯心會 회원들께 인사장 보낼 때
한문문장과 글씨는 더 빛났다

우여곡절 끝에 늦게 국문학 전공하는 딸을 앉히고
소싯적 서당에서 외우던 한시를 일필휘지로 써주신 공책

바람 서늘한 대밭 아래 대청마루
신문지 펴고 먹을 갈아
뒤에서 안고 어린 손 겹쳐잡아 힘을 실어주던 붓글씨

삐뚤삐뚤 그 때 글씨, 그 문장 아직도 못 벗어나
공책만 간직한 채 깊은 뜻 언저리만 맴돌지만

장지에 펜촉을 달고 평생 걸어온
딸의 길 너머
손녀의 숨결 도처에서 되살아나는
이병규체 문장과 글씨

타인능해소나무

6.25 동란이 조금 숙어지자 옥열리 사람들은 두 달여 피난길에서 이고지고 안고업고 고향으로 돌아왔다 무근절 20여집, 독지미 20여집, 안터골 30여집 모두 불타서 연기만 모락모락, 후퇴하는 국군의 초토작전에 집도 옷도 가재도구 모두 잿더미, 아기를 풀밭에 뉘어놓고 불탄 자리 재를 쓸었다 움직일 수 있는 사람 모두 나와 집터를 닦았다

앞산과 절골의 아름드리 소나무가 밤낮없이 툭툭 잘려나갔다
아버지는 짐짓 못들은 척 모두 베어가게 두었다

타인능해*쌀보다 타인능해소나무가 더 급한,
찬바람 얇은 옷깃 파고드는 서릿발 겨울초입에
우리 산의 소나무 모두 동네사람들 기둥 되고 서까래 되었다
따스한 둥지 되었다

* 낙안군수 류이주가 운조루에, 쌀 두 가마니 반이 들어가는 뒤주를 설치하여 '他人能解'라고 써놓고 누구나 열어서 가져가게 했다.

무근절 절터 이야기

아비는 사각모 쓴 대학생이었대요
낙동강 전선까지 적군이 밀려오자 총 들고 학도병, 나라 지키러 달려갔다지요
솜털 보송한 새각시는 그 큰 소슬대문집에서
미영 잣는 물레를 벗 삼아 밤새 피멍을 쓸었다지요
5대 종부 허리가 휘도록 새벽별에 빌고 또 빌어도 금줄엔 발간 고추가 빠져 있고요
쌓인 눈 속에 산에서 내려와 밤마다 손 벌리는 빨갱이 서슬에
얼굴에 검정 칠한 울엄니
물레 잣는 손은 늘 덜덜 떨렸지요
문간에서 받은 전사통지서 돌아서며 씹어서 꿀꺽 삼키고
시어미 귀신 씌운 복숭낡에 목도 매 보았다는 울엄니
에미 찾아 엉금엉금 축담에 곤두박힌 아기 울음 자지러져
얼른 삼팔 무명베수건 풀었더래요
베 짜는 발치께 순하게 잠든 아기 숨소리에 빙그레 미소 띈 날도 있었지만요
짚가리에 얼굴만 가린 시어른 엉덩이에 총 맞고 저세상 가신 뒤
살구나무 폭탄 맞아 불타버린 사랑채, 흰 사발 받쳐 축수할 곳도 잃은 울엄니
소복단장 뒷산을 헤매다 알맞치 포탄구덩이에 쓰러졌는데요
아기 혼자 퉁퉁 불어 젖 달라고 싸늘한 가슴 헤집었대요

〉

먼저 가신 지아비 만나 전쟁 없는 나라에 환생하여 잘 살라고
사변동이 유복녀는
집터에 조그만 절을 지었지요

* 무근절 : '묵은 절'이라는 뜻의 필자 고향마을 이름(경남 함안군 대산면 옥열리)

나의 낙동강

코흘리개적 소풍가던 합강정合江亭
낙동강과 남강 두 몸 합쳐 반겨주던 합강머리
열 아름 은행나무 솟은 가지에
몰래 걸어둔 어린 방패연에 펄럭이며 온다, 나의 낙동강

아침 조회 때마다 운동장에 모여
목청 높여 부르던 대산중학교 교가, 우렁찬 목소리로 온다
'보아라 남강물 굽이치는 곳
젊음의 붉은 피가 용솟음친다'

서울 유학 시절 고향 가는 기찻길 옆
긴 허리 흔들며 반겨주던 살사리꽃
철마다 옷 갈아입고 달려나와 안아주던 어머니강

머리만 커다란 아들 진주 공군교육사령부 입대시키고
혼자 돌아오는 길에 손 흔들던 구월의 키 큰 갈대꽃

'또 언제 오노?'
구순 어머니 떨리는 손 놓고 돌아오는 서울길
골진 눈매, 한 줌 새우등 허리, 따라오며 부여잡는 흰눈 덮힌 얼음강

〉

'합죽이가 됩시다 하압'
어린 남매와 달빛창호지 합죽이놀이 계속하는 아버지
입 다물고 누우신 옥열리 선산 발치로
몇몇 생을 감돌아 흐르는 나의 낙동강

■ 해설 ■

시간과 생명을 탐색해가는 궁극의 서정
-이혜선의 시세계

유 성 호(문학평론가, 한양대학교 국문과 교수)

1. 존재론적 긍정의 순간에 다다르는 언어

이혜선李惠仙 시인의 신작시집 『시간의 독법』은 스스로의 고유한 존재론과 함께 오랫동안 그의 몸과 마음과 영혼을 관류해온 시간의 풍경을 담아낸 선명한 미학적 화첩畵帖으로 다가온다. 시인은 합리적 질서나 규율을 넘어 근원적 시간의 흐름을 포착하고 표현하는 역동적 사유를 진행함으로써 다양한 생명의 공존 가능성과 그 이면적 원리를 모색해간다. 그럼으로써 우리가 상실한 가치들을 상상하는 고고학적 기록으로 휜칠하게 나아간다. 그렇게 시인은 시간의 연속체로서의 삶을 응시하면서 섬세한 박물지적 디테일을 편편마다 품어내고 있다. 그런가 하면 이혜선 시인은 스스로를 성찰하는 자기 확인의 속성을 탁월한 서정성으로 보여준다. 서정시의 자기 탐구적 성격을 남김없이 충족하면서 다양한 사물들로 원심력을 펼쳐간다. 그 원심력의 끝에서 다시 스스로에게 귀환함으로써 자기 확인의 진중한

패러다임을 우리에게 건네는 것이다. 결국 이혜선 시인은 자신이 맞닥뜨리는 장면들을 존재론적 긍정의 순간에 다다르는 언어로 형상화하면서 진정한 자기 성찰의 과정으로 힘껏 도약해 간다. 이제 그 개성적인 예술 세계 안으로 한 걸음씩 들어가 보도록 하자.

2. 실존적 흔적으로 경험되고 기억되는 '영원의 시간'

이혜선 시를 개괄하는 특성은 시간의 흐름을 반영하는 데서 선명하게 찾아진다. 우리는 그의 시를 통해 시간이 확연한 물질성을 가지고 있을 뿐만 아니라, 누군가의 몸과 마음에 남은 흔적이기도 하다는 것을 알게 된다. 시인의 경험에 의해 작품 내적으로 구성된 시간은 우리에게 시인의 낱낱 경험을 공유하게 해준다. 하지만 시간의 흔적이라는 것은 그 자체로 객관적 실재가 아니라 하나의 가상적이고 심리적인 은유일 뿐이다. 그만큼 저마다 다른 기억과 경험 속에서 구성될 수밖에 없는 것이다. 이혜선 시인이 사물의 비의秘義를 드러내거나 암시하려 할 때, 시간의 흔적이라는 은유는 시인 자신의 인상을 구성해주는 가장 중요한 질료가 되어준다. 지나온 시간에 관한 기억을 바탕으로 한 그의 시편들은 이렇게 자기 확인의 서사를 하염없이 펼쳐간다. 풍경과 내면의 접점을 통해 시쓰기의 최종 지점을 향하고 있는 것이다. 이때 시인은 가장 아름다운 숨결로 발원하는 생명 현상을 바라보면서 단연 개성적인 '시간의 독법讀法'을 수행해간다. 다음 시편을 먼저 읽어보자.

내 책상 위의 시계는 축축 늘어져 있다
시침은 시침대로 분침은 분침대로
늘어져서 제 가고 싶은 대로 간다
초침은 아예 떼어버렸다

내가 그리는 대로 나의 시계는
가다
서다, 놀다 한다

시계 속에 들어가 나도 가다, 서다, 놀다,
파랑 분홍 노랑 물감을 풀어
색색의 시계잠을 자기도 한다
무지개꿈을 꾸기도 한다

내가 그리는 시계 속에서
비비새는 랄랄라 낙원을 노래하고
나는 웅녀가 되어 새 세상을 낳고
선도산성모仙桃山聖母가 되어 새 혁거세를 낳는다
충담사가 되어 안민가安民歌를 짓는다

인공지능 로봇 발아래 사람이 끌려가는
4차 혁명의 시간은
나의 시계족보에서 모두 쫓겨난다

시간의 감옥 밖에서 나는 한가롭다 자유롭다
태어나서 한 번도 쉬지 못한 시간의
거대한 몸집을 동그랗게 말아서
늘어진 시계 속에 들어갔다 나왔다…
파랑 분홍 노랑 색색의 꿈놀이를 즐긴다

〉
오늘은
분침도 시침도 아예 떼어버렸다

— 「시계 소요유逍遙遊」 전문

'소요유逍遙遊'는 장자莊子가 평생 추구했던 절대자유의 경지를 은유한다. 시인은 자신의 책상 위에 늘어져 있는 시계를 응시한다. 시계는 시간의 흐름을 분절하여 시각을 알려주는 기계이지만 그 자체로는 시간과 아무런 관련성도 없다. 더구나 시인의 시계는 시침과 분침이 제각각 가고 싶은 대로 가고 있고 초침은 아예 떼어져 있다. 그런데 시인은 이렇게 고장난 시계에서 "내가 그리는 대로 나의 시계는/ 가다/ 서다, 놀다" 한다고 말한다. 그러니까 스스로도 시계 속에 들어가 "가다, 서다, 놀다,"를 반복하는 것이 아닌가. 시계잠을 자기도 하고 그 안에서 낙원을 노래하는 '비비새'를 바라보기도 한 시인은 한결 상상력을 돋우어 스스로 웅녀, 선도산성모, 충담사가 되어보기도 한다. 이 고대古代로의 침잠은 그 자체로 시간적 퇴행을 뜻하지 않고 '새 세상/새 혁거세/안민가' 같은 현재적 열망에 가닿는 행위로 몸을 바꾼다. 그렇게 느리고 오랜 시간이 그 안에 있으니 시인의 '시계족보'에서 요즘 같은 인공지능 로봇 세상은 축출되는 것이 자연스럽다. "시간의 감옥 밖에서" 한가롭고 자유로운 시인은 "태어나서 한 번도 쉬지 못한 시간"을 말아서 꿈놀이를 즐기고 있는 것이다. 아예 분침도 시침도 떼어버린 채 즐기는 '소요유'야말로 근대적 계량 안에서 효율성 위주로 편제되던 시간의 함축성을 바꾸어내고 있는 것이다. 그만큼 이혜선 시인은 "야성의 가르침대로 살아가는 자연의 순한 일부"(「아무르 강 성인식」)로서 시간을 받아들이며 "눈은 영원을 향해 길게 열어"(「목이 긴 새」)두고 "꽃잎마다 날개 되어/날아오르는"(「꽃 피는 너-단아에게」) 시간을 몸 속에 아름답게 기르고 있다. 참으로 자유롭고 풍요롭다. 다음은 어떠한가.

비에 젖어 있는 두모악갤러리 뒤뜰에서
하얀 버섯 서너 개와 눈이 딱 맞았다
비스듬히 누운 소나무 등을 타고 돋아나는 그와,

제주바다에 홀려서
돌과 바람과 바다를 여기 '두모악'에 들여놓고
오름과 해녀를 사랑해
'삽시간의 황홀'을
'제주의 혼'을 영혼에 인화해서 우리 앞에 펼쳐놓고
루게릭병으로 하얗게 말라서 바다로 가버린 그 사람

푸른 잉크 번져가는 파도로
용눈이오름의 바람 한 올로
내 머리칼을 스쳐간다

굳어가는 근육을 가까스로 움직여
오늘 하루가 전부인 것처럼
아직도 카메라 셔터를 누르는 그,
뒤뜰 소나무 등허릴 타고 오르는 하얀 카메라 눈과
눈이 딱 맞았다

— 「김영갑갤러리 두모악」 전문

이번에는 시간이 공간화된 장소를 찾아간 실례를 만나보게 된다. 제주 서귀포시 성산읍 삼달리에 위치한 '김영갑갤러리 두모악'은 루게릭병을 앓으면서도 생의 마지막 순간까지 제주 자연을 기록한 사진가 김영갑을 기념하는 장소이다. 그의 사진을 통해 우리는 그의 아프고 아름다운 삶, 제주라는 풍경과 숨결, 존재에 대한 사유를 만난다. 시인은 비에 젖은 뒤뜰 소나무 등을 타고 돋아난 몇몇의 "하얀 버섯"을 발견한다. 나아가 "제주바다에 홀려서/돌과 바람과 바다"를 들여놓고 "오름과 해녀를 사랑"하여 '삽시간의 황홀'과 '제주의 혼'을 펼쳐놓은 그 아름다운 영혼을 인화하여 보여준다. 하얗게 말라 바다로 가버린 그 사람은 이제 "푸른 잉크 번져가는 파도"로 혹은 "용눈이오름의 바람 한 올로" 시인의 몸에 와닿는다. 오늘 하루가 전부인 것처럼 어디선가 카메라 셔터를 누르고 있을 그야말로 시간을 초월한 예술가의 초상을 그대로 보여주는 존재가 아닌가. 그러니 시인의 시선이 "뒤뜰 소나무 등허릴 타고 오르는" 하얀 카메라 눈과 맞은 것은 자연스럽지 않은가. 이처럼 '김영갑갤러리'는 시간을 멈추어놓은 듯한 영원성으로 "무거운 인간을 탈脫한"(「탈, 인간」) 듯한 "영원히 꺼지지 않는 빛"(「웅녀의 사랑」)을 우리에게 허락하고 있다. 그때 시간의 무게에 "등이 휜 우리도 다시,/피어나"(「꽃문을 연다」)게 될 것이 아닌가.

두루 알다시피 서정시는 시간에 대한 사후적事後的 경험 형식으로 쓰이고 읽히는 속성을 거느린다. 미래를 예감하거나 과거를 조명한다 할지라도 그것은 그 자체로 시간의 현재형에 대한 경험적 판단을 수행한 것이다. 그렇게 서정시와 시간은 호혜적인 파트너이고 분리할 수 없는 서로의 핵심적 원질原質이 된다. 이혜선 시인은 기계적이고 분절적인 근대적 시간관觀을 완벽하게 초극하면서, 빛을 다하고 사라져가는 풍경을 정성스럽게 담아낸다. 그 안에는 우주적 시간의 생멸 과정이 개입하면서 시간의 깊이를 드러내는 원리를 아름답게 드러낸다. 그만큼 이혜선에게 시간은 우리를 감싸는 실존적 흔적으로 경험되고 기억되어간다. 이혜선 시가 노래하는 실존적 흔적으로 경험되고 기억되는 '영원의 시간'은 그러한 원리에 따라 한없이 번져가고 있는 것이다.

3. 존재론적 기원起源에 대한 섬세한 탐구

다음으로 이혜선의 시는 시인 스스로 자신을 고백하고 성찰하는 속성을 강하게 띤다. 이러한 서정시의 자기 탐구적 성격은 이미 잘 알려진 것이지만 특별히 이번 시집에서 그것은 매우 고유하고도 각별한 의미망을 띤다. 그의 근원적 창작 동기는 낯선 시공간을 에돌아 자신으로 귀환하려는 욕망에 있으며, 이때 동반되는 자각 과정이 이번 시집에 섬세하게 기록되어 있는 것이다. 특별히 자신을 가능하게 한 존재론적 기원起源에 대한 탐구는 가장 강력한 원리가 되어주고 있다. 하지만 그의 시가 단순한 나르시스적 몽환에 그쳤다면 우리는 그의 시를 통해 완결된 서정시의 미학을 경험하지 못했을 것이다. 그런데 그의 시는 개인 경험으로부터 발원하면서도 그것이 세계를 펼쳐가려는 열망으로 승화함으로써 새로운 존재론을 지향하는 언어로 나아가는 장점을 꾸준히 견지해간다. 그 점에서 그의 언어는 존재론적 기원을 향하면서도 우리 모두를 가장 멀고도 깊은 보편적 기억으로 나아가게끔 해준다.

"임자 죽을 때 손목은 떼어놓고 가게"

아버지 친구들은 아버지 문장과 글씨를 아꼈다
대산면청 호적계, 함안군청 마산시청 근무할 때
유심회唯心會 회원들께 인사장 보낼 때
한문 문장과 글씨는 더 빛났다

우여곡절 끝에 늦게 국문학 전공하는 딸을 앉히고
소싯적 서당에서 외우던 한시를 일필휘지로 써주신 공책

바람 서늘한 대밭 아래 대청마루
신문지 펴고 먹을 갈아
뒤에서 안고 어린 손 겹쳐 잡아 힘을 실어주던 붓글씨

삐뚤삐뚤 그때 글씨, 그 문장 아직도 못 벗어나
공책만 간직한 채 깊은 뜻 언저리만 맴돌지만

장지에 펜촉을 달고 평생 걸어온
딸의 길 너머
손녀의 숨결 도처에서 되살아나는
이병규체 문장과 글씨

— 「이병규체」 전문

시인의 아버지 '이병규 선생'은 지역의 선비이셨다. 친구들은 선생의 문장과 글씨를 매우 아꼈고 선생의 한문 문장과 글씨는 그럴수록 더욱 빛이 났다. 늦게 국문학을 전공한 딸에게 "소싯적 서당에서 외우던 한시"를 그야말로 일필휘지로 써주신 공책은 지금도 '시인 이혜선'의 바탕이 되어준다. 대밭 아래 대청마루에서 "뒤에서 안고 어린 손 겹쳐 잡아 힘을 실어주던 붓글씨"는 아버지의 사랑이자 시인의 존재를 가능케 해주었던 원적原籍 같은 것이었을 터이다. 그렇게 "삐뚤삐뚤 그때 글씨, 그 문장"을 아직 벗어나지 못했지만, 시인은 그 소중한 공책만은 간직한 채 "깊은 뜻 언저리"를 살아간다. 그러니 그 글씨는 시인에게 마치 "몇몇 생을 감돌아 흐르는 나의 낙동강"(「나의 낙동강」)처럼, "어머니의 비손 덕분에/오늘도 서로 어울려 살아간"(「미더덕찜 비손」) 시간처럼, "우레보다 더 큰 침묵으로 와서/눈 먼 나를 흔들어 깨우는 죽비소리"(「그치지 않는 종소리―만해 한용운」)로 다가오지 않겠는가. 이제 "딸의 길" 너머 "손녀의 숨결 도처"까지 번져가는 "이병규체 문장과 글씨"를 시인은 이렇게 소환하고 있다. 그렇게 '이병규체'는 존재론적 기원origin의 가장 물리적이고 예술적인 형상적 은유로서 우뚝하게 다가온다. 그렇다면 그 "딸의 길" 너머 존재하는 '손녀'는 엄마의 시에서 어떻게 등장하고 있는가.

아침에 잠 깨어 습관대로 너의 빈 방을 들여다본다
무심코 돌아 나오는 등 뒤에 재깍거리는 시계소리
책꽂이에 꽂힌 서양미술사와 장미의 이름
그 옆에 문학과 평론, 삼국유사가
침묵 속의 네 목소리에 귀 기울이고 있다

〉
2012년 6월 23일 토요일
너는 한국보다 한 시간 늦은 북경의 아침에 일어나
부랴부랴 도서관으로 향하겠지
남쪽으로 향한 기숙사 창문을 잘 닫아두고
넝쿨장미가 향기로운 미명호수 길을 걸어서
오래된 책 향기 풍기는 도서관에서 밤늦도록 노사老舍를 깊이 만나리라

네가 태어난 오늘 나는 너에게
앞마당의 흙을 보낸다
아끼는 푸른색 블라우스로 주머니를 만들어
어린 너희들과 즐겨 산책하던 마당가의 흙,
모국의 속살을 파서 하늘길로 보낸다

오늘도 너는 다시 태어나리라
뜨거운 엄마의 속살 속에 바람 속에
스러져간 무수한 조상들 넋의 새 옷 입고 태어나리라

봄 하늘 무지갯빛 자귀꽃잎
날개 달고 날아오른다

— 「엄마의 흙을 보낸다 - 날마다 다시 태어나는 딸에게」 전문

시인의 딸 '박희선' 선생은 북경대학교에서 중국 소설가 '노사老舍'(1899~1966)를 연구한 학자이다. 시인은 습관처럼 아침에 "너의 빈 방"을 들여다보면서 무심코 등 뒤에서 시계 소리를 듣는다. 딸의 지적 궤적을 보여주는 책들 속에서 "침묵 속의 네 목소리"로 듣는다. 그렇게 엄마는 딸의 생일이기도 한 "2012년

6월 23일 토요일"을 기록하면서 북경의 아침 풍경을 예감해본다. 아마도 딸은 기숙사, 미명호수 길, 도서관을 거치면서 밤늦도록 연구에 매진하리라. 딸의 생일을 맞아 "앞마당의 흙"을 보내는 엄마의 마음이 살갑고 애잔하고 귀하다. 엄마 마음에는 "어린 너희들과 즐겨 산책하던 마당가의 흙"이야말로 "모국의 속살"이었기 때문일 것이다. 그러면 이국異國에서 살아가는 딸은 이 흙 속에서 다시 태어날 것이다. "엄마의 속살 속에 바람 속에/스러져간 무수한 조상들 넋의 새 옷 입고" 말이다. 그렇게 엄마의 흙을 통해 날마다 다시 태어나는 딸에게 시인은 "목숨이 끝나도 끝끝내 지켜가는/어미라는 이름"(「아리바다 어미」)을 선사하고 있다. "맑은 날엔 가슴 속에서 그리움의 손길"(「상실의 시대」)이 돋아나기도 하고 "날마다 물의 아이들 나래 치며 솟아"(「검룡소에서」)오르기도 하는 어미로서의 기원에 딸이 수원水源을 대고 있는 것이다.

이처럼 시인은 오래된 자신만의 존재론적 기원을 탐구하고 또 누군가의 기원이 됨으로써 전형적인 서정시인으로서의 역량과 성과를 유감없이 거두어내고 있다. 그의 시는 기원을 향한 기억으로 삶의 근원에 대한 상상적 경험을 간단없이 이어간다. 그리움과 따듯함을 주조主潮로 하는 언어를 통해 기억의 원리를 수행해나가는 것이다. 이혜선 시인은 기억을 통한 성찰의 시간을 풍부하게 가지면서 대상을 향한 한없는 매혹과 그리움을 노래해간다. 그 가운데서 우리는 자신의 존재론적 기원으로 끊임없이 회귀하려는 시인의 열정과 만나게 된다. 그 열정은 그를 만들어주었던 가장 원형적인 상像을 향하면서 스스로도 그러한 힘을 견지하려는 사랑의 마음으로 이어져간다. 기억을 통과하지 않고는 주체를 경험적으로 회복할 수 없다는 점에서 그의 시는 기억의 운동을 열정적으로 펼쳐가는 현장으로 존재하는 것이다. 동일성 감각에 의해 발원되는 언어적 구성 원리를 통해 이렇게 '이병규-이혜선-박희선'이라는 존재론적 기원의 이음새가 아름답고 섬세하게 구축되어간 것이다.

4. 생명 현상에 대한 균형적 성찰의 안목과 태도

우리가 사는 세상은 활력과 침묵의 순환 과정으로 구성된다. 이러한 삶의 양가적 모순은 아폴론적 욕망과 디오니소스적 흐름이 얽힌 혼돈의 역동성으로부터 비롯되는 것이다. 이혜선 시인의 상상력은 그러한 모순의 역동성에 주목하면서 모순의 축을 구성하는 어느 한쪽으로 기울어가는 것을 택하지 않는다. 이러한 팽팽한 균형의 정신이 그의 시로 하여금 활력과 침묵을 동시에 거느리게끔 하고 또 어느 한쪽으로 경사되는 것을 막아내게끔 해준다. 이혜선 시인은 그러한 균형으로 생명 현상을 탐색해가는 혜안을 발휘한다. 시인 특유의 생명에 대한 성찰이 그러한 태도에서 발원하는 것이다. 아닌 게 아니라 우리의 삶이 지향과 지양의 변증법적 과정이라면, 그것은 곧 탐닉과 혐오를 넘어 겸허한 성찰을 불러오게 되지 않던가. 시인이 수행하는 이러한 생명 현상에 대한 균형적 성찰의 안목과 태도는 삶의 궁극과 근원에 대한 세계내적 제의祭儀 과정으로 나타나고 있는 것이다. 다음 시편을 먼저 읽어보자.

1.
외줄에 몸을 묶어 누강 협곡을 건넌다
설산 눈 녹아 흐르는 시퍼런 강물 위에서
네 발을 버둥거린다
강을 건너, 발이 땅에 닿으면
협곡도 돌산 길도 다시 지고 가야 한다
편자가 다 닳아 피 흘러도, 낭떠러지에 굴러도
생명 끊어질 때까지
세상을 다 짐 지고 걸어야 한다

2.
해발 오천 미터 카와커보 신산神山 술라라카에
룽다를 걸어둔다
살아있는 짐의 안전을, 떠도는 영혼의 안녕을 걸어둔다
차를 잘 팔게 해달라고
가족의 안녕을 지켜달라고 펄럭이는 오색 날개

3.
라싸까지 이천백 킬로미터
해발 오천사백 미터 가파른 미라산
오체투지로 한 발 한 발
삼생三生의 산과 계곡 끌어안고 넘어간다
온몸, 세상에 엎드리고 또 엎드려 맹세한다

태어남의 짐을 스스로 내리겠다고,

— 「차마고도 - 짐」 전문

'차마고도茶馬古道'는 중국과 티베트, 인도를 잇는 전근대의 무역로를 말한다. 해발고도가 높아 험준하고 가파르지만 경치가 아름다운 길로도 유명하다. 이 시편은 '짐'을 지고 차마고도를 건너가는 '말'을 주인공을 삼았다. 외줄에 몸을 묶어 건너는 누강 협곡 위에서 네 발을 버둥거리는 '말'은 편자가 닳아 피가 흘러도 낭떠러지에 굴러도 "생명 끊어질 때까지/세상을 다 짐 지고 걸어야" 하는 존재이다. 그는 "카와커보 신산神山 술라라카"에 걸린 '룽다'를 "살아있는 짐의 안전을, 떠도는 영혼의 안녕"이라고 생각한다. '룽다'는 불교 경문을 써서 높이 매달아놓은 오색 천을 말하는데 "차를 잘 팔게 해달라고/가족의 안녕을 지켜달라고" 하는 기원祈願이 그 안에 담겼을 것이다. 차마고도의 종착지 '라싸'까지 아직도 멀고먼 거리를 걸어야 하지만 "오체투지로 한 발 한 발/삼생三生의 산과 계곡 끌어안고" 넘어가면서 "태어남의 짐을 스스로 내리겠다고" 하는 맹세에 귀 기울이면서 시인은 가장 근원적인 생명의 가파름과 소중함을 한꺼번에 노래하고 있다. 그 맹세 안에는 "참되고 아름답고 두려움 없는"(「천년 만년 사랑꽃—도미 부부의 사랑노래」) 사랑과 "죽도록 노래하며 너를 부르던 땅 속 굼벵이사랑"(「닿을 수 없는」)까지 모두 녹아 있고, 궁극적으로는 "키 큰 느티나무 수천수만 개의 눈"(「루빈의 꽃병」)처럼 외롭고 높고 쓸쓸한, "하늘 아래 둥글게 손잡은 생명"(「불이不二, O_2와 논다」)의 아름다움이 낱낱이 새겨져 있을 것이다.

지구를 초록별이게 하는 건
네가 있기 때문이지
너의 풋풋한 숨결이 내 심장을 적시고
지구별 심장을 적셔주었지

〉
네 입에서 끝없이 뿜어져 나와
우리를 살게 하는
생명을 살게 하는, 푸르른 숲의 향기

그러나 이제 숲이 사라지고 있다
일 분에 축구장 여섯 개 넓이 숲을 베어내고
마구잡이 불태우는 인간 욕심에
녹색바다는 모래바람 사막 되었다

최악의 가뭄에
마른 강바닥 덮은 수백만 물고기 떼, 허옇게 뒤집힌 배
허리케인 폭우에서 큰 불 대지진까지
네가 지르는 단말마의 비명인 걸
왜 우리는 왜 모를까

훼손된 지구 허파에서 나오는 썩은 입 냄새
참다 참다 못해 내쉬는 너의 한숨 바이러스
맨가슴 찢어내며 지르는 비명소리

갈라진 맨 가슴에 생명을 심어
세상에서 가장 느린 나무늘보와 손잡고
초록 융단 위를 맨발로 걷자

지구를 초록별이게 하는 건
네가 있기 때문이지
너의 웃음소리 너의 숨결, 너의 향기로운 입 내음이 있기 때문이지
—「왜 우리는 모를까 - 아마존의 비명 · 2」 전문

이 아름다운 생태 시편은 '아마존'이라는 지구의 허파가 파괴 당하는 반反생태적 흐름에 대한 근원적 비판을 담고 있다. 아마존이 지르는 비명에 무지한 우리 스스로를 성찰한 결실이라고 할 수 있다. 그동안 아마존은 지구를 초록별이게 하였고, 지구별 심장을 적셔준 숨결이었다. "생명을 살게 하는, 푸르른 숲의 향기"도 마찬가지였다. 그런데 "마구잡이 불태우는 인간 욕심"에 숲이 사라지고 녹색바다는 모래바람 사막이 되어버렸다. 가뭄, 폭우, 큰 불, 대지진 모두 그렇게 파괴된 자연이 내지르는 비명이 아니었던가. "훼손된 지구 허파"는 이제 썩은 냄새, 한숨 바이러스, 비명소리를 내뿜고 있을 뿐이다. 그러니 이제 우리는 생명을 심어 "세상에서 가장 느린 나무늘보"처럼 아마존의 웃음소리, 숨결, 향기로운 입 내음을 되찾아야 하지 않겠는가. 그 목소리 안에는 "꿈속에 부풀어 넘치는 바다"(「국화꽃바다」)가 있고 "사랑의 가슴으로 온 세상에/평화가 깃들게"(「에이레네여 온 세상에 평화를」) 하는 풍요로운 삶의 파동이 있다. "강철보다 강한 생명밧줄"(「유사비행」)을 통해 "지금,/너와 내가 멈추지 않으면,"(「촉수를 뻗친다 스믈스믈」) 안 되는 생명 파괴 움직임을 성찰해야 한다고 시인은 끝없이 강조한다. 그때 비로소 자연이 품은 "빛의 등뼈고리들"(「빛의 등뼈고리들—코랄과 변주 피아노 독주」)과 "풀밭 위의/찬란한 무지개꿈"(「풀밭 위의 잠—김민지 피아노 독주」)이 "진흙 밭에 환한 연꽃"(「다시 쓰는 테스」)처럼 다시 살아날 것이 아니겠는가.

결국 시인은 낡아가고 사라져가는 사물들의 연관성을 상상하고 표현하면서 우리가 살아가는 가장 근원적인 생명 현상을 기리고 성찰하는 품을 보여준다. 사라져가는 존재자들을 품어 안는 사랑의 마음은 그에게 더욱 다양한 서정시 창작의 확산과 심화를 가능케 해주고 있다. 더욱 분명한 것은 이러한 고전적 균형 감각이야말로 시인의 창작 과정에서 어느 정도 지속성과 균질성을 가지고 펼쳐져갈 것이라는 점이다. 그 지속성과 균질성이 성찰의 깊이와 표현의 새로움을 지속적으로 추구해가게끔 해줄 것이다. 그러니 다양하게 존재하다 한결같이 사라져가는 생명들을 고고학적 마인드로 포괄해가는 시인의 언어와 마음은 여간 귀한 것이 아닐 수 없다. 그 귀한 마음은 "뿌리 못 내리고 떠다니는 풀씨들 울음"(「초록별 새 지구—아마존의 비명 1」)을 듣고 "가슴 따스하던 인간"(「삼엽충이 다시 나타났다」)을 마침내 되찾아줄 것이다. 이 모든 사유와 감각이 바로 생명 현상에 대한 균형적 성찰의 안목과 태도를 생성시킨 것일 터이다.

5. 더 멀고 깊은 '생명의 고고학'을 펼쳐 가시길

우리가 읽어온 것처럼, 이혜선의 시집 『시간의 독법』은 근원적 생명을 탐구하는 마음의 고고학을 깊고 넓게 담아내고 있다. 자신의 내면에 출렁이는 지나온 시간들에 대한 회감回感에 의해 발원하는 그의 시세계는 소중한 존재자들을 향한 사랑의 마음에 의해 적극 뒷받침되고 있다. 그래서 그의 시편은 지나온 시간에 대한 기억을 바탕으로 하여 자신의 삶과 경험에 대한 절실한 고백을 이어감으로써 서정시의 미학적 완성도를 한층 높여간다. 이로써 우리는 가장 오랜 존재론적 기원을 상상하는 일과 가장 아름다운 시를 쓰는 일이 그의 언어에 고스란히 겹쳐 있음을 알게 된다. 그리고 그의 시가 구체적 경험을 통해 감각적 실재를 넘어서면서 영혼을 충일하게 하는 미학적 비전으로 가득 차 있음을 거듭 경험하게 된다. 또한 이혜선 시인은 세계의 내적 원리를 자연으로의 귀속의 힘으로 바꾸어가는 지향을 줄곧 보여준다. 세상이 가져다주는 고통과 피로를 우회하여 결핍과 불모를 치유하는 방법으로 그는 자연과 시원始原을 노래해 가는 것이다. 하지만 이러한 인식과 방법에도 불구하고 이혜선 시인은 자신의 작품 안에 매우 구체적이고 선명한 감각과 지향을 담음으로써 궁극적인 긍정의 마음을 우리에게 선사하는 독자성을 가진다. 한 편 한 편의 민활한 가독성과 미적 성취의 높이가 그러한 측면을 증언해주고 있다 할 것이다.

서정시는 언어예술이자 시간예술이다. 우리의 감각과 세계를 이어주는 것이 언어이고 그 언어가 다루는 사물이나 현상들이 하나같이 시간의 흐름 속에 놓인 것이니만큼, 우리가 언어와 시간을 서정시의 핵심 요소로 규정하는 것도 큰 잘못은 아닐 것이다. 이혜선의 시는 다른 어떤 경우보다도 시간과 친화력을 가지면서 언어를 통한 존재 생성의 경험을 우리에게 선사한다. 그럼으로써 이러한 서정시의 기율을 첨예하게 수행하는 범례範例로 남을 것이다. 이혜선 시의 이러한 속성은 사물에 다한 섬세하고도 스케일 큰 경험을 통해, 그리고 시인 스스로 겪어온 경험에 대한 고백과 함께, 살아온 삶을 고백하고 삶이라는 화두에 최대한 근접해보려는 가치 발견의 감각을 통해, 자신만의 미학적 위상을 획득해간다. 우리는 이혜선 시인의 그러한 사유와 감각을 통해 그가 더욱 근원적인 가치를 향하고 있음을 알게 되는 것이다. 그 가치의 남다른 흡인력과 고유한 아름다움이 우리를 오늘도 살아가게 할 것이다.

이처럼 시간과 생명을 탐색해가는 궁극의 서정을 담은 이번 시집 상재를 마음 깊이 축하드리면서, 앞으로도 더 멀고 깊은 '생명의 고고학'을 시인이 꾸준히 펼쳐 가시길 기원해마지 않는다.

■ 시평 ■

철학적 사유를 감각적으로 녹여낸 서시序詩

—이혜선의 '서시-우리 하나 되어' 깊이 읽기

나 용 준(문학박사, 시인, 문학평론가)

은보라색 밝아오는 하늘
그 아래 강물 한 자락
먼 길 떠날 때
나 그대와 더불어 길 떠나려 하네

가다가 여울엔 굽이쳐 흐르고
가다가
지푸라기 흙탕물 모두 섞여서
우리 모두 한 몸 되어 흘러가려 하네

얕은 개울엔 송사리떼 기르고
물살 맑은 강물엔 연어떼 길러서
흘러가겠네 마침내 바다가 되겠네
우리 하나 되어,

— 「서시-우리 하나 되어」 전문

이혜선 시인의 「서시—우리 하나 되어」는 단순한 서정의 언어를 넘어서 공동체적 지향성과 존재론적 사유를 담아낸 서정시로, 시적 언어와 철학적 성찰이 조화롭게 녹아 있는 작품입니다. 이 시를 분석하고 평가하면서 시의 아름다움과 문학적 깊이를 세심히 들여다보고자 합니다.

1. 서정적 풍경과 존재의 여명 – '은보라색 밝아오는 하늘'

시의 첫 구절, "은보라색 밝아오는 하늘" 은 독자에게 시각적 이미지를 통해 감각의 문을 열어줍니다. '은보라색'이라는 색채어는 흔히 새벽과 관련되며, 고요하면서도 신비로운 분위기를 자아냅니다. 여기서 '밝아오는'이라는 동사는 변화와 가능성, 곧 희망의 시작을 암시합니다. 시인은 이 첫 줄에서 이미 존재의 시간대를 '새벽'에 설정하면서, 생의 긴 여정을 출발하기 직전의 정적이고 경건한 순간을 포착합니다.

하늘 아래에 흐르는 '강물 한 자락'은 곧 인생의 길이자, 생의 흐름을 상징하는 이미지로 자리 잡습니다. 물은 고정되지 않으며, 늘 흐르고 변화합니다. 따라서 이 강물은 고정된 실체가 아니라 변화를 품은 생동하는 존재의 비유로 읽을 수 있습니다. 이때 "먼 길 떠날 때 나 그대와 더불어 길 떠나려 하네" 라는 시구는 개인의 존재가 결코 고립된 것이 아니라, 타자와의 동행 속에서 의미를 갖는다는 공동체적 철학을 드러냅니다.

2. 생의 흐름 속에서의 연대와 화해 – '지푸라기 흙탕물 모두 섞여서'

중반부에서는 시인의 철학이 보다 분명하게 드러납니다. "가다가 여울엔 굽이쳐 흐르고 / 가다가 지푸라기 흙탕물 모두 섞여서" 라는 구절은 인생의 여정이 순탄치 않음을 말해줍니다. 여울은 장애물이며, 굽이침은 갈등과 위기의 상징입니다. 그러나 이 모든 것을 흙탕물까지도 '모두 섞여서' 라는 말은, 오염과 혼돈을 부정하지 않고 그것마저도 수용하려는 태도를 보여줍니다.

이러한 인식은 자연과 생명의 순환 논리와 닮아 있으며, 궁극적으로는 "우리 모두 한 몸 되어 흘러가려 하네" 라는 대목에서 공동체적 이상으로 승화됩니다. 이때의 '한 몸'은 물리적 통합이 아니라 정신적 연대, 존재의 상호 연결성을 의미합니다. 현대사회의 파편화된 인간관계 속에서 이러한 '하나됨'의 지향은 더욱 절실한 의미를 갖습니다.

3. 생성의 흐름과 궁극의 귀결 - '연어떼 길러서'와 '마침내 바다가 되겠네'

후반부에서 시는 물살 맑은 강물로 전환되며, 정화된 흐름을 상징하는 "송사리떼", "연어떼" 의 이미지가 등장합니다. 송사리는 작은 생명을, 연어는 회귀와 번식의 상징으로 자주 쓰입니다. 이 시에서 연어는 출발했던 곳으로 돌아와 생명을 잇는 존재로, 시간의 순환성과 생의 궁극적 의미를 함축하고 있습니다. 다시 말해, 강은 단순히 바다로 가는 흐름이 아니라, 생명의 탄생과 귀환을 반복하는 영속의 공간으로 재해석됩니다.

마지막 구절인 "마침내 바다가 되겠네 / 우리 하나 되어," 는 이 시의 핵심 주제이자 감동의 정점입니다. 바다는 각각의 물줄기들이 만나 완성되는 전체이며, 분리되었던 존재들이 하나로 녹아드는 대화합의 공간입니다. 개인의 삶이 결국 공동체 속에서 의미를 완성한다는 시인의 세계관이 드러나는 대목입니다.

이 문장은 일종의 '영적 귀향'의 선언처럼 울려 퍼지며, 공동체적 존재로서 인간의 본성을 깊이 통찰하고 있습니다.

4. 현대시의 맥락 속에서의 위치-파편화된 시대의 치유적 언어

이혜선 시인의 「서시-우리 하나 되어」는 오늘날의 현실을 떠올릴 때 더욱 빛을 발합니다. 우리는 갈수록 개인화되고 분절된 사회에 살고 있으며, SNS나 디지털 커뮤니케이션의 발달은 소통을 빠르게 만들었지만 동시에 더 깊은 단절과 고립을 낳고 있습니다. 이러한 시대에 이 시는 정반대의 언어를 제시합니다.

'나'와 '그대', 그리고 '우리'가 함께 먼길을 떠나고, 여울과 흙탕물을 지나며 하나의 강이 되어 결국 바다에 이른다는 서사는, 기술이 아닌 마음과 삶을 공유하는 공동체적 사유를 회복하자는 시적 외침으로 읽힙니다. 파편화된 언어와 감정 속에서 '함께 흐름'이라는 서정은 치유적 역할을 하며, 독자에게 존재의 중심을 다시금 되돌아보게 합니다. 이는 단지 시적 감상의 영역을 넘어, 오늘의 사회와 인간관계를 성찰하게 하는 '윤리적 시학'으로도 기능한다고 볼 수 있습니다. 다시 말해, 이 시는 감상으로 끝나는 것이 아니라, 실천과 사유로 이어지는, 살아 있는 언어의 힘을 지녔습니다.

5. 시적 장르로서 '서시'의 재해석-선언에서 기도로

'서시序詩'라는 장르는 흔히 시집의 첫머리에 놓이는 시로, 그 시인의 시 세계를 요약하거나 선언하는 기능을 합니다. 그러나 이혜선 시인의 서시는 단지 개인적인 선언에 머물지 않고, 존재

전반에 대한 기도처럼 다가옵니다.

시의 마지막 행, “마침내 바다가 되겠네 / 우리 하나 되어,”는 선언의 어조를 유지하면서도 그 끝을 마침표가 아닌 쉼표로 마무리합니다. 이 쉼표는 독자에게 질문과 여운을 남깁니다. 아직 끝나지 않았다는 것, 이 여정은 계속되며, ‘우리 하나 되어’라는 지향은 아직 도달해야 할 이상임을 말하는 것이지요.

여기서 시는 선언에서 기도로, 철학에서 삶으로 나아갑니다. 그렇게 이 시는 추상적 관념의 언어가 아니라, 구체적이고 살아있는 마음의 흐름이 됩니다.

6. 감상의 확장 – 시인의 태도와 인간관에 대하여

이 시의 가장 큰 미덕은 시인의 ‘겸허함’입니다. 시인은 결코 자신을 우위에 두지 않습니다. 강물 속의 한 줄기이자, 흙탕물에 섞이는 한 방울일 뿐입니다. 그 겸허함이야말로 진정한 공동체적 인간관을 가능하게 합니다.

또한 시인은 삶의 복잡성과 오염을 외면하지 않습니다. ‘흙탕물’과 ‘지푸라기’는 인생의 고단함과 상처, 심지어 죄의 흔적까지 상징합니다. 그러나 그것조차도 함께 ‘섞여서’ 흐르며 하나의 생명력으로 승화되는 과정은 놀랍도록 관대하고 따뜻한 시인의 마음을 엿보게 합니다.

이런 시적 태도는 불교의 ‘연기緣起’나 기독교의 ‘사랑의 연합’과도 닿아 있으며, 모든 존재가 상호의존적으로 연결되어 있다는 깨달음을 담고 있습니다. 이 시가 단지 아름다운 시를 넘어, 하나의 수행처럼 읽히는 이유도 여기에 있습니다.

이혜선 시인은 이 짧은 시 속에 다채로운 상징과 직관적 언어, 아름다운 이미지들을 적절히 배치하면서도 지나친 수사는 삼갑니다. 시어는 평이하지만 깊이 있고, 구조는 단순하지만 흐름이 유기적입니다. '서시'라는 제목이 암시하듯, 이 시는 일종의 선언이며, 새로운 존재론적 출발을 알리는 선언문으로도 읽힙니다.

7. 결론-시의 울림, 시인의 온기

이혜선 시인의 「서시—우리 하나 되어」는 짧은 형식 안에 삶과 공동체, 자연과 인간, 시작과 귀결이라는 철학적 사유를 감각적으로 녹여낸 수작입니다. 시적 언어는 무겁지 않지만 가볍지도 않으며, 조용하지만 강한 울림을 남깁니다.

시인은 자신과 타자, 자연과 세계를 결코 분리하지 않습니다. 오히려 모든 존재가 끊임없이 섞이고 흐르며, 결국 하나의 '바다'가 되어간다는 순환적 세계관을 펼쳐 보입니다. 그 흐름은 단절이 아닌 연결을, 분열이 아닌 화합을 지향합니다.

이 시를 통해 독자는 물살을 따라 흘러가는 작은 송사리 한 마리처럼 조용히 길을 떠나게 됩니다. 그러나 그 여정의 끝에서 우리는 서로가 서로에게 닿아 있고, 결국 함께 하나가 되는 존재임을 깨닫게 됩니다.

그리고 문득 우리는 알게 됩니다.

"삶이란 결국, 더불어 흐르는 일"이라는 것을.

이혜선 시인의 이 작품은 그런 삶의 본질을 가장 단정하고 맑은 언어로 들려주는, 하나의 따뜻한 '서시'입니다.

* 《문화 앤 피플》 2025년 7월 13일 기사를 재수록함.